現役東大生が
ころ
親と一緒に
やっていたこと

偏差値35
から
東大合格

【監修】西岡壱誠

×

貧しくて
塾に通えず自力で
東大合格

布施川天馬

内外出版社

貧乏家庭《びんぼうかてい》
から
東大合格《とうだいごうかく》

布施川天馬《ふせがわてんま》

偏差値《へんさち》35
から
東大合格《とうだいごうかく》

西岡壱誠《にしおかいっせい》

×

対談《たいだん》

ぼくたちが
脳《のう》の可動域《かどういき》を広《ひろ》げるために
子《こ》どもの頃《ころ》からしてきたこと

布施川《ふせがわ》　東大《とうだい》4年生《ねんせい》、貧乏家庭《びんぼうかてい》で週《しゅう》2バイトしながら東大《とうだい》に合格《ごうかく》した布施川天馬《ふせがわてんま》と申《もう》します。よろしくお願《ねが》いします！

西岡《にしおか》　同《おな》じく東大《とうだい》4年生《ねんせい》、偏差値《へんさち》35から東大《とうだい》に合格《ごうかく》した西岡壱誠《にしおかいっせい》と申《もう》します。布施川《ふせがわ》さん、よろしくお願《ねが》いします。

布施川《ふせがわ》　ってことで、ぼくたちふたりとも、『頭《あたま》が悪《わる》かったり成績《せいせき》が伸《の》びないところから、自力《じりき》でがんばって脳《のう》の可動域《かどういき》を広《ひろ》げて合格《ごうかく》した』人間《にんげん》です。

西岡《にしおか》　そうですね。ぼくなんて小中高《しょうちゅうこう》と学年《がくねん》ビリだし、2浪《ろう》しているしで散々《さんざん》なものです。

布施川《ふせがわ》　東大《とうだい》に入《はい》ると、名門高校出身《めいもんこうこうしゅっしん》でずっと塾通《じゅくかよ》ってましたって人《ひと》とか、小中高《しょうちゅうこう》ずっと学年《がくねん》トップでしたって人《ひと》とか、かなり多《おお》いですからね。

西岡《にしおか》　いるいる。我々《われわれ》の団体《だんたい》「東大《とうだい》カルペ・ディエム」はそんな中《なか》でも、〝逆転合格《ぎゃくてんごうかく》した東大生《とうだいせい》〟を集《あつ》めて全国《ぜんこく》の学校《がっこう》や地域《ちいき》の自治体《じちたい》さんで講演《こうえん》などをしております。

布施川《ふせがわ》　そうですね。そんな中《なか》で、今回《こんかい》は「いわゆるできない子《こ》がどうすればできるようになるのか」について話《はな》したいと思《おも》います！

受《う》け身《み》では脳《のう》の可動域《かどういき》は広《ひろ》がらない

西岡《にしおか》 布施川《ふせがわ》さんは「頭良《あたまよ》くなったな」って瞬間《しゅんかん》、ありますか？

布施川《ふせがわ》 もうハッキリ覚《おぼ》えてます。高校《こうこう》1年生《ねんせい》の春《はる》、入学《にゅうがく》したての朝《あさ》ですね。クラスの教室《きょうしつ》で急《きゅう》に視界《しかい》が広《ひろ》がった感覚《かんかく》がありました。

西岡《にしおか》 ほう！ 具体的《ぐたいてき》ですね。

布施川《ふせがわ》 ぼくの学校《がっこう》は中高一貫校《ちゅうこういっかんこう》でして、中学校《ちゅうがっこう》から持《も》ち上《あ》がってくる人《ひと》と、外部《がいぶ》から高校受験《こうこうじゅけん》する人《ひと》との両方《りょうほう》がいたんですけど、そのごちゃ混《ま》ぜになったクラスで、新《あたら》しく外部《がいぶ》から入《はい》ってきた子《こ》と話《はな》している途中《とちゅう》でした。

西岡《にしおか》 あ、ありますよねそういうの。

布施川《ふせがわ》　小学校《しょうがっこう》や中学校《ちゅうがっこう》の頃《ころ》からず～っとゲームとか本《ほん》が好《す》きで、たくさん読《よ》んでたんです。物語《ものがたり》を何度《なんど》も読《よ》み返《かえ》していろいろと解釈《かいしゃく》したり、最終回《さいしゅうかい》の後《あと》のストーリーを妄想《もうそう》したりと楽《たの》しんでたんですけど。これって今《いま》から考《かんが》えると物語力《ものがたりりょく》や語彙力《ごいりょく》はもちろん、反省力《はんせいりょく》・体験力《たいけんりょく》あたりにもつながってくるトレーニングになると思《おも》うんですよね。きっと、高校生《こうこうせい》になった瞬間《しゅんかん》、それまで貯《た》め込《こ》んでた経験値《けいけんち》が一気《いっき》に実《み》を結《むす》んだんじゃないかなぁ。なんにせよ、あの瞬間《しゅんかん》からぼくは「布施川天馬《ふせがわてんま》」になったんだ、って感覚《かんかく》がすごく残《のこ》ってるんです。あ、いま自分《じぶん》レベルアップしたな！っていう。

西岡《にしおか》　あ～。それはちょっとわかるかも。ぼくはオタクなもんで、漫画《まんが》とかアニメとか見《み》て、恥《は》ずかしながら二次小説《にじしょうせつ》と呼《よ》ばれるような、ショートショートをネットに投稿《とうこう》していたりしました。「あの漫画《まんが》のキャラが、こういうテーマについて話《はな》したらどうなるか」みたいな。そんな自分《じぶん》の経験《けいけん》が、大学受験《だいがくじゅけん》で文章《ぶんしょう》を読解《どっかい》したり、世界史《せかいし》など歴史《れきし》の勉強《べんきょう》を解《と》く時《とき》に活《い》かされた気《き》がします。

布施川《ふせがわ》　そんなことしてたんですか!?

西岡《にしおか》　恥《は》ずかしいですね（笑《わら》）。

布施川《ふせがわ》　西岡《にしおか》さんは、どんな瞬間《しゅんかん》があったんですか？

西岡《にしおか》　自分《じぶん》の意思《いし》を持《も》って勉強《べんきょう》しよう！　って思《おも》った瞬間《しゅんかん》かな。ぼくは偏差値《へんさち》が低《ひく》いとき、机《つくえ》に向《む》かって、ペンを握《にぎ》って、ただ答《こた》えを写《うつ》したり、何度《なんど》も同《おな》じ文字《もじ》を書《か》いたりするだけの時《じ》間《かん》を、ずっと勉強《べんきょう》と呼《よ》んでいたんですよね。頭《あたま》を動《うご》かさず、「ああ、この時間《じかん》早《はや》く終《お》わらないかな」と思《おも》って、ボーッとしながら、ペンを動《うご》かす「手《て》の動《うご》き」だけをしていたんですよね。

布施川《ふせがわ》　ああ、なるほど。意思《いし》がない勉強《べんきょう》をしていたと。

西岡《にしおか》　そうそう。そんなことで成績《せいせき》が上《あ》がるわけはないんですよね。で、そこを先生《せんせい》に指摘《してき》されているんです。「意思《いし》を持《も》って勉強《べんきょう》しろよ」と。成績《せいせき》を上《あ》げるなら「覚《おぼ》えよう」と意識《いしき》しなければならないし、「この問題《もんだい》はどうすれば答《こた》えが出《で》るんだろう」と考《かんが》えなければならない。もっと言《い》えば「テストで点《てん》を取《と》りたい」と思《おも》って、「じゃあ次《つぎ》のテストで点数《てんすう》を取《と》るためにはどうすればいいんだろう？」「テストで出《で》る問題《もんだい》はどれで、自分《じぶん》はどの問題《もんだい》を覚《おぼ》えられていないんだろう？」を考《かんが》えなければならない。そこをしっかりしろよ、と。

布施川《ふせがわ》　自分《じぶん》の意思《いし》を持《も》って勉強《べんきょう》しだした時《とき》が、西岡《にしおか》さんの脳《のう》の可動域《かどういき》が広《ひろ》がった時《とき》なんですね。

東大生《とうだいせい》こそ、質問力《しつもんりょく》を駆使《くし》して教授《きょうじゅ》に質問《しつもん》している！

西《にし》　岡《おか》　この本《ほん》では、脳《のう》の可動域《かどういき》を広《ひろ》げるのに必要《ひつよう》な6つの力《ちから》を提示《ていじ》していますけれど、この中《なか》で「この力《ちから》が活《い》きた！」と思《おも》うエピソードはありますか？

布施川《ふせがわ》　反省力《はんせいりょく》だと思《おも》いますね。小《ちい》さい頃《ころ》から口《くち》が達者《たっしゃ》なんて言《い》われてはいたんですが、クラスからはちょっとだけ浮《う》きがちで。

西《にし》　岡《おか》　ああ、ちょっとわかる（笑《わら》）。

布施川《ふせがわ》　小学校《しょうがっこう》の頃《ころ》も、友《とも》だちはいましたけど、本気《ほんき》でわかり合《あ》えた友《とも》だちはあまりいなかったんじゃないかな。むしろ大人《おとな》との仲《なか》のほうがよくて。『ダイの大冒険《だいぼうけん》』ってマンガが好《す》きだったんですけど、これ、ぼくの親世代《おやせだい》が中高生《ちゅうこうせい》の時《とき》に読《よ》んでた作品《さくひん》なんですよね。でもこの話《はなし》で担任《たんにん》の先生《せんせい》と盛《も》り上《あ》がったり。で、さすがにこれじゃまずいなと思《おも》って、中学校《ちゅうがっこう》に上《あ》がったあたりから、毎日帰《まいにちかえ》る時《とき》にひとり反省会《はんせいかい》してたんです。その日《ひ》にあった会話《かいわ》を思《おも》い出《だ》して、どういうことを言《い》ったらもっと会話《かいわ》が盛《も》り上《あ》がったのか、なんで会話《かいわ》が途切《とぎ》れちゃったのか、全部原因《ぜんぶげんいん》を分析《ぶんせき》してた。

西岡《にしおか》　すごいな⁉

布施川《ふせがわ》　それで中学《ちゅうがく》3年生《ねんせい》のある時《とき》ですね、ぽろっとツッコミを入《い》れたらクラス中《ちゅう》にウケたんですよ。それまでもそういうことはあったのかもしれないけど、あれは「あぁ、いまウケた！」って確《たし》かな手《て》ごたえがあったんです。ここで自信《じしん》がつきましたね、もう大丈夫《だいじょうぶ》だって。結局《けっきょく》、高校行《こうこうい》ってからもずっとひとり反省会《はんせいかい》はしてましたけど。

西岡《にしおか》　強烈《きょうれつ》なエピソードですね……。ぼくは質問力《しつもんりょく》かな。僕《ぼく》、東大《とうだい》に入《はい》っていちばん驚《おどろ》いた東大《とうだい》生《せい》の行動《こうどう》があって。東大生《とうだいせい》って、みんな授業《じゅぎょう》終《お》わったら教授先生《きょうじゅせんせい》のところに行《い》って並《なら》ぶんですよ。で、「教授《きょうじゅ》！　ここがわかんなかったです！」「これってどういうことなんですか？」なんてことを聞《き》いているんですよね。

布施川《ふせがわ》　なるほど、確《たし》かにそのイメージありますね。

西岡《にしおか》　ぼくは偏差値《へんさち》35の時《とき》、バカだったのに、何《なん》にも質問《しつもん》しに行《い》かなかったんですよね。全国《ぜんこく》でいちばん頭《あたま》のいい東大生《とうだいせい》が、みんな「わかりません！」って質問《しつもん》しているのに。

布施川《ふせがわ》　自分《じぶん》がわからないところを具体的《ぐたいてき》に説明《せつめい》するのも能力《のうりょく》ですしね。差《さ》がつくのって、意外《いがい》とそういう細《こま》かいところなんですよね。

絵本《えほん》の読《よ》み聞《き》かせが物語力《ものがたりりょく》を培《つちか》った

西岡《にしおか》　勉強《べんきょう》に関《かん》して、親御《おやご》さんとの思《おも》い出《で》はどんなものがありますか？

布施川《ふせがわ》　これはちょっと親《おや》に怒《おこ》られちゃうかもな（笑《わら》）。

西岡《にしおか》　え、なんですか？　気《き》になるなぁ。

布施川《ふせがわ》　親《おや》としてはぼくに本当《ほんとう》にいろいろと尽《つ》くしてくれたみたいで、こういうことを聞《き》くとあれもやったこれもやったって出《で》るわ出《で》るわなんですけど、残念《ざんねん》ながらぼくの記憶《きおく》はなくて。

西岡《にしおか》　あらら。

布施川《ふせがわ》　短期《たんき》の記憶《きおく》とか数字《すうじ》とか記号《きごう》に対《たい》する記憶《きおく》がすごい残《のこ》りやすいんですけど、エピソード的《てき》な記憶《きおく》だとすぐ忘《わす》れちゃうんですね。だから本当《ほんとう》に全然《ぜんぜん》覚《おぼ》えてなくて……。ただ、この手《て》の話《はなし》をするといつも言《い》われるのが「読《よ》み聞《き》かせ」ですね。どうやらぼくは昔《むかし》から絵本《えほん》の読《よ》み聞《き》かせが大好《だいす》きだったみたいでして、ず〜っとねだってたんだそうです。

西岡《にしおか》　なるほど！　それで、親御《おやご》さんが読《よ》み聞《き》かせしてくれたのですかね？

布施川《ふせがわ》　そうなんです。母親《ははおや》は昼間《ひるま》も夜《よる》も全部《ぜんぶ》の時間《じかん》をぼくに費《つい》やしてくれてたんですけど、朝《あさ》の開館時《かいかんじ》に図書館《としょかん》に駆《か》け込《こ》んで、20冊《さつ》も30冊《さつ》も絵本《えほん》を借《か》りてきて、自転車《じてんしゃ》で帰《かえ》ってくるわけですよ。それで、その本《ほん》を全部読《ぜんぶよ》んで聞《き》かせる。そんなに冊数《さっすう》があるのに、1日《にち》や2日《か》くらいで終《お》わっちゃうから、またすぐに借《か》りに行《い》く。そんな生活《せいかつ》をしてたみたいで。

西岡《にしおか》 いい親御《おやご》さんですね。それを覚《おぼ》えていない布施川《ふせがわ》さん……（笑《わら》）。

布施川《ふせがわ》 ひどい話《はなし》ですよね（笑《わら》）。でも、今考《いまかんが》えてみるとこれのおかげで「物語力《ものがたりりょく》」とかが鍛《きた》えられたのかなって思《おも》います。西岡《にしおか》さんはどうなんですか？

西岡《にしおか》 あ〜。ぼくは偏差値《へんさち》35のときに、いきなり「東大《とうだい》を目指《めざ》す」と言《い》った時《とき》かなあ。

布施川《ふせがわ》 おお、その時《とき》！　親御《おやご》さんもビックリしちゃいますよね、きっと。「何言《なにい》ってるの！」って言《い》われてもおかしくない。

西岡《にしおか》 その時《とき》の返答《へんとう》は、意外《いがい》で。「で、あんたは私《わたし》に何《なに》をしてほしいの？」だったんですよ。

布施川《ふせがわ》 ははぁ。

西岡《にしおか》 「別《べつ》に勝手《かって》に目指《めざ》せばいいと思《おも》うけど、私《わたし》は何《なに》か具体的《ぐたいてき》にやったほうがいいことはあるの？」って。絶対《ぜったい》に反対《はんたい》されると思《おも》っていたから拍子抜《ひょうしぬ》けしたんですけど、「じゃあ夜食《やしょく》を作《つく》って。夜勉強《よるべんきょう》するから」とお願《ねが》いしたら「いいよ」と言《い》って、その日《ひ》から毎日《まいにち》うどんとかおにぎりとかの夜食《やしょく》を作《つく》ってくれました。

布施川《ふせがわ》　すごいなあ。口出《くちだ》しせずに、本当《ほんとう》に手放《てばな》しで応援《おうえん》してくれたんですね。

西岡《にしおか》　今《いま》でも頭《あたま》が上《あ》がらないですね。

丸暗記《まるあんき》は必要《ひつよう》？　暗記《あんき》よりも思考力《しこうりょく》？

布施川《ふせがわ》　暗記《あんき》は必要《ひつよう》だと思《おも》いますか？　最近《さいきん》は暗記《あんき》よりも思考力《しこうりょく》！　って風潮《ふうちょう》が強《つよ》いですよね。

西岡《にしおか》　そうだね、詰《つ》め込《こ》み教育《きょういく》よりも柔軟《じゅうなん》に考《かんが》える力《ちから》をつけようって流《なが》れが大《おお》きい気《き》がする。でもぼくは暗記《あんき》も重要《じゅうよう》だと思《おも》いますよ。

布施川《ふせがわ》　ほほう。

西岡《にしおか》　たとえば九九《くく》なんて、『なぜ6×7が42なのか』というのがわかっていなくても「ろくいちがろく」「ろくにじゅうに」「ろくさんじゅうはち」と暗唱《あんしょう》して「ろくしちよんじゅうに」と答《こた》えられるわけですよね。そして、それをずっと忘《わす》れないでいるわけです。これは、自転車《じてんしゃ》の乗《の》り方《かた》を説明《せつめい》できないけれど身体《からだ》が覚《おぼ》えているのと同《おな》じで、身体《からだ》で理解《りかい》している状態《じょうたい》になる。だからパッと見《み》ただけで答《こた》えが出《で》るわけです。

布施川《ふせがわ》　確《たし》かにそうですね、九九《くく》とか動詞《どうし》の活用法《かつようほう》なんかは、考《かんが》えてわかるわけじゃないですからね。

西岡《にしおか》　そうそう。それで、こうした「何《なに》も知《し》らなくても答《こた》えられる」「やり方《かた》や意味《いみ》を知《し》らなくても出《で》てくる」ようになるべき部分《ぶぶん》は、確《たし》かにあるんですよね。もう覚《おぼ》えちゃったほうが早《はや》いし、それがあって初《はじ》めて基礎《きそ》から応用《おうよう》に進《すす》める、というような、身体《からだ》に覚《おぼ》えさせたほうがいいと思《おも》うような部分《ぶぶん》。「なんで奈良時代《ならじだい》の後《あと》が平安時代《へいあんじだい》なのか」「なんでリトマス試験紙《しけんし》で酸性《さんせい》が強《つよ》いと赤《あか》になるのか」「なんでマイナスとマイナス掛《か》けたらプラスなのか」とかは、初《はじ》めのうちはいちいち考《かんが》えなくたっていい。逆《ぎゃく》に、考《かんが》えなくてもできるようになって初《はじ》めて、基礎力《きそりょく》がついて、応用《おうよう》にアプローチできる状態《じょうたい》になるといえます。

布施川《ふせがわ》　たしかに……。理由《りゆう》を考《かんが》えることは確《たし》かに大事《だいじ》だけど、「えいや！」で覚《おぼ》えちゃったほうがいいこともあるってことなんですね。

脳《のう》の可動域《かどういき》を広《ひろ》げる6つの力《ちから》はストレッチのようなもの

西岡《にしおか》　最後《さいご》に一言《ひとこと》、ですね。布施川《ふせがわ》さんどうですか？

布施川《ふせがわ》　そうですね。この本《ほん》では脳《のう》の可動域《かどういき》を広《ひろ》げる力《ちから》として6つの要素《ようそ》を紹介《しょうかい》しているんですね。で、そのどれもが当然《とうぜん》ですけど大事《だいじ》な力《ちから》だと思《おも》っています。ただし、勘違《かんちが》いしてほしくないのは、ここで紹介《しょうかい》していない要素《ようそ》は取《と》るに足《た》らないものだと思《おも》わないでほしいんです。

西岡《にしおか》　ほうほう。

布施川《ふせがわ》　これって結局《けっきょく》ヨガとかストレッチみたいなもんなんですよ。凝《こ》り固《かた》まった関節《かんせつ》を解《と》きほぐして身体《からだ》を柔《やわ》らかくするかのように、固定観念《こていかんねん》でガチガチに縛《しば》られている脳《のう》みそを少《すこ》しでも自由《じゆう》にしてやるってところがいちばん大事《だいじ》なんです。だから、「ここで紹介《しょうかい》している力《ちから》やトレーニング方法《ほうほう》が絶対《ぜったい》！」なんて思《おも》うと、逆《ぎゃく》に固定観念《こていかんねん》に縛《しば》られていることになってしまう。本当《ほんとう》は、唯一絶対《ゆいいつぜったい》の答《こた》えなんてなくて、すべてが答《こた》えになる可能性《かのうせい》を秘《ひ》めていると思《おも》うんです。

西《にし》岡《おか》 それだとあまりにアバウトですよね。

布《ふ》施《せ》川《がわ》 そうそう、これじゃあまりにも投《な》げっぱなしになっちゃう（笑《わら》）。だから、この本《ほん》では、代表的《だいひょうてき》なものを紹介《しょうかい》しているんです。オリジナルのやり方《かた》があってもいいし、自分《じぶん》のお子《こ》さんに合《あ》わないと思《おも》ったらやらなくてもいい。これだけは意識《いしき》しながら読《よ》み進《すす》めていただければと思《おも》います。

西《にし》岡《おか》 そうですね。「自分《じぶん》に合《あ》ったものを」というのは、すごく大事《だいじ》な考《かんが》え方《かた》だと思《おも》いますね。

目次

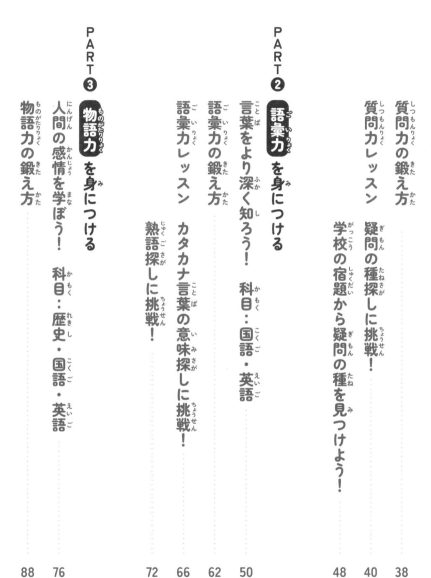

目次

PART 6 反省力《はんせいりょく》を身《み》につける

この本《ほん》の使《つか》い方《かた》

この本《ほん》は、

質問力《しつもんりょく》 **語彙力《ごいりょく》** **物語力《ものがたりりょく》** など

それぞれのパートごとに、

❶内容《ないよう》を説明《せつめい》した文《ぶん》

❷その力《ちから》の鍛《きた》え方《かた》

❸その力《ちから》を伸《の》ばすためのレッスン

の、3部構成《ぶこうせい》になっています。

＼ このページ ／

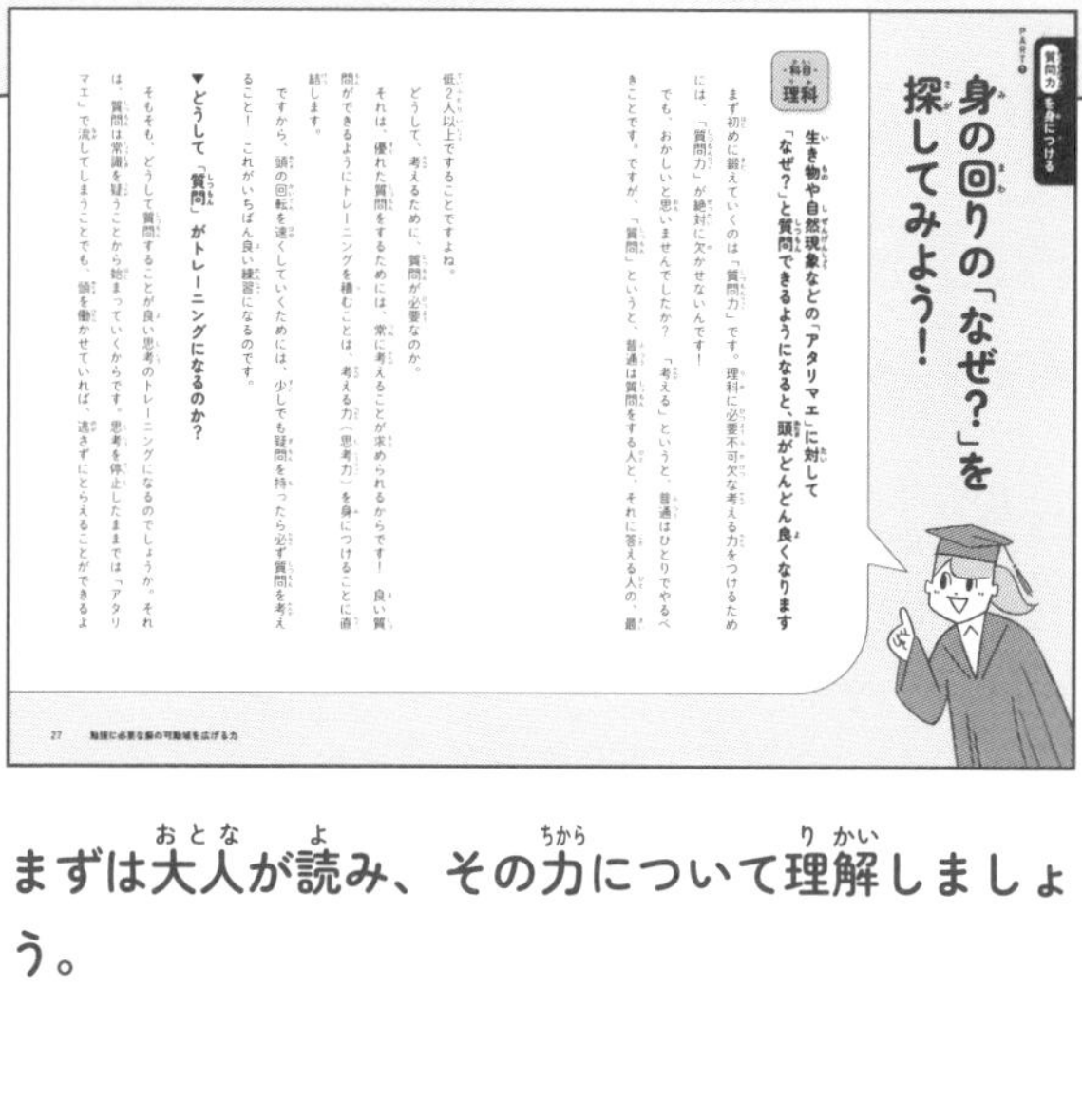

PART 1 質問力を身につける

身《み》の回《まわ》りの「なぜ?」を探《さが》してみよう！

科目 理科

生き物や自然現象などの「アタリマエ」に対して「なぜ?」と質問できるようになると、頭がどんどん良くなります

まず初めに鍛えていくのは「質問力」です。理科に必要不可欠な考える力をつけるためには、「質問力」が絶対に欠かせないんです！

でも、おかしいと思いませんでしたか？ 「考える」というと、普通はひとりでやるべきことです。ですが、「質問」というと、普通は質問をする人と、それに答える人の、最低2人以上ですることですよね。

どうして、考えるために、質問が必要なのか。

それは、優れた質問をするためには、常に考えることが求められるからです！ 良い質問ができるようにトレーニングを積むことは、考える力（思考力）を身につけることに直結します。

ですから、頭の回転を速くしていくためには、少しでも疑問を持ったら必ず質問を考えること！ これがいちばん良い練習になるのです。

▼どうして「質問《しつもん》」がトレーニングになるのか？

そもそも、どうして質問することが良い思考のトレーニングになるのでしょうか。それは、質問は常識を疑うことから始まっていくからです。思考を停止したままでは「アタリマエ」で流してしまうことでも、頭を働かせていれば、逃さずにとらえることができるよ

27 勉強に必要な脳の可動域を広げる力

1 まずは大人《おとな》が読《よ》む

まずは大人《おとな》が読《よ》み、その力《ちから》について理解《りかい》しましょう。

＼ このページ ／

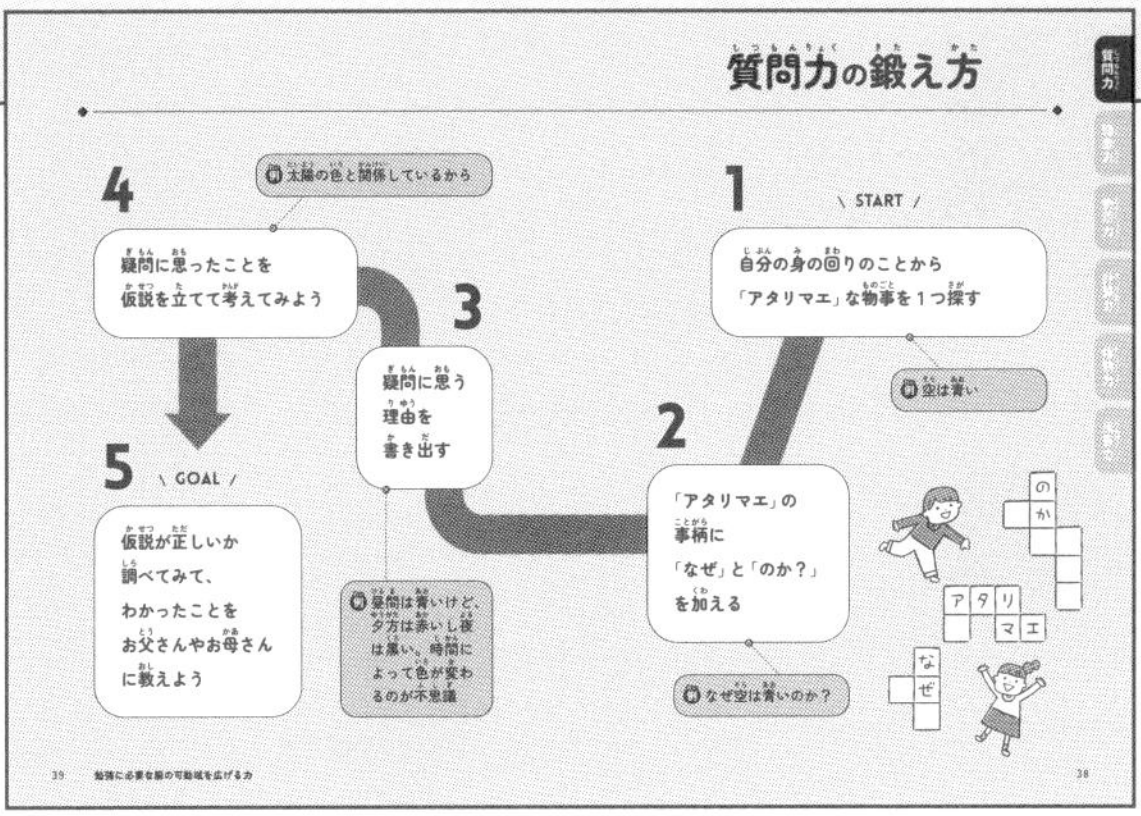
質問力の鍛え方
1 ＼ START ／
自分の身の回りのことから「アタリマエ」な物事を１つ探す
空は青い
2
「アタリマエ」の事柄に「なぜ」と「のか？」を加える
なぜ空は青いのか？
3
疑問に思う理由を書き出す
昼間は青いけど、夕方は赤いし夜は黒い。時間によって色が変わるのが不思議
4
疑問に思ったことを仮説を立てて考えてみよう
太陽の色と関係しているから
5 ＼ GOAL ／
仮説が正しいか調べてみて、わかったことをお父さんやお母さんに教えよう
39 勉強に必要な脳の可動域を広げる力
38

2 「鍛《きた》え方《かた》」を見《み》せながら、子《こ》どもに説明《せつめい》する

鍛《きた》え方《かた》は、説明文《せつめいぶん》に書《か》いてあることをわかりやすく図解《ずかい》しています。このページを見《み》せながら、子《こ》どもにそれぞれの力《ちから》について教《おし》えてあげましょう。

＼ このページ ／

質問力
レッスン
疑問の種探しに挑戦！
※ノートに書き出してね。コピーしたものをノートに貼ってもいいよ。
あちこちに潜んでいる疑問の種を探そう！
15 分以内
質問力をつけるには、やっぱり質問をすることが大事です！

ですが「どこから質問すればいいのかわからないよ～」というみなさんの声が聞こえてきそうです。そう、慣れないと質問の種を見つけるのはとても大変なんです。

そこで最初は、いろいろなところに潜んでいる疑問の種を探す練習から始めましょう。

左ページの絵は、日常生活の１コマを切り取ったものです。

ここから質問できることはないかな？　と探しましょう！　まずは気になったことを片っ端から書き出してください。

質問力 ノート
次のページに続きます
41 勉強に必要な脳の可動域を広げる力
40

3 子《こ》どもが実践《じっせん》する

レッスンに挑戦《ちょうせん》しましょう。堅苦《かたくる》しく考《かんが》えず、ゲーム感覚《かんかく》で１回《かい》10～15分《ふん》くらいの時間《じかん》で終《お》えるようにしましょう。

次《つぎ》のページではおすすめの学《まな》び方《かた》を解説《かいせつ》しているよ！

おすすめの学《まな》び方《かた》

1 専用《せんよう》のノートを作《つく》る

専用《せんよう》のノートがあったほうが達成《たっせい》感《かん》も得《え》られて、学《まな》びが進《すす》みやすい。それぞれのレッスンをコピーしてノートに貼《は》るのもよいし、自分《じぶん》で書《か》き写《うつ》すのも◎

…カーの悲劇にあて…る物語を探す
…見つけたら、理由もノー…(93ページ参照)

語彙力 カタカナ言葉の意味探し
ニュース番組を見て、出てきたカタカナ言葉の意味を探そう。(66ページ参照)

体験力 ひとこと日記、3行日記、復習日記を書く
今日1日体験したことを書こう。(138ページ参照)

反省力 振り返りシートを埋める
今日1日体験したことを書こう。(152ページ参照)

語彙力 熟語探し
国語の教科書から好きな漢字を選んで、その漢字を使った熟語やことわざを考えよう。(72ページ参照)

物語力 物語の型② ブッカーの悲劇にあてはまる物語を探す
あてはまる物語を見つけたら、理由もノートに書こう。(93ページ参照)

反省力 ゲームで遊ぶ
オセロ、人生ゲーム、人狼ゲーム、将棋、モノポリー、カルタなど好きなゲームを1ゲーム遊ぶ。ただし30分以内でやめ、続きは翌日に。(154ページ参照)

計算力 今日見た車のナンバーでメイク10をする
学校の行き帰りに見た車のナンバーの数字を使って10になるように四則演算しよう。(108ページ参照)

学《まな》び方《かた》すごろく

このすごろくに従《したが》ってレッスンを進《すす》めましょう。
自分《じぶん》でオリジナルのすごろくを作《つく》るのもおすすめです！

用意《ようい》するもの

- 付箋《ふせん》
- サイコロ
- ペン
- 専用《せんよう》ノート

遊《あそ》び方《かた》

①付箋《ふせん》1枚《まい》に自分《じぶん》の名前《なまえ》を書《か》く。これがコマになる。
②サイコロを振《ふ》り、出《で》た数《かず》だけ進《すす》む。①の付箋《ふせん》を貼《は》る。
③止《と》まったコマに書《か》いてある問題《もんだい》を解《と》き、答《こた》えをノートに書《か》く。
④毎日《まいにち》①〜③を繰《く》り返《かえ》す。

語彙力 熟語探し
国語の教科書から好きな漢字を選んで、その漢字を使った熟語やことわざを考えよう。(72ページ参照)

物語力 物語の型③ シンデレラストーリーにあてはまる物語を探す
あてはまる物語を見つけたら、理由もノートに書こう。(94ページ参照)

体験力 ひとこと日記、3行日記、復習日記を書く
今日1日体験したことを書こう。(138ページ参照)

質問力 学校の宿題から質問の種探し
今日の宿題を使って「質問の種探し」をしよう！(48ページ参照)

…見た車のナンバー…でメイク10をする
…見た車のナンバーの数字…ように四則演算しよう。(108ページ参照)

物語力 物語の型⑤ 旅と帰還にあてはまる物語を探す
あてはまる物語を見つけたら、理由もノートに書こう。(94ページ参照)

質問力 学校の宿題から質問の種探し
今日の宿題を使って「質問の種探し」をしよう！(48ページ参照)

語彙力 カタカナ言葉の意味探し
ニュース番組を見て、出てきたカタカナ言葉の意味を探そう。(66ページ参照)

反省力 振り返りシートを埋める
今日1日体験したことを書こう。(152ページ参照)

物語力 物語の型④ 再生型・逆シンデレラストーリーにあてはまる物語を探す
あてはまる物語を見つけたら、理由もノートに書こう。(94ページ参照)

反省力 ゲームで遊ぶ
オセロ、人生ゲーム、人狼ゲーム、将棋、モノポリー、カルタなど好きなゲームを1ゲーム遊ぶ。ただし30分以内でやめ、続きは翌日に。(154ページ参照)

2 実践《じっせん》する

1日《にち》10～15分《ふん》、好《す》きなレッスンに挑戦《ちょうせん》しよう。パターンAかパターンBに限《かぎ》らず、自分《じぶん》のやり方《かた》で自由《じゆう》に実践《じっせん》してね。

パターンA

脳《のう》の可動域《かどういき》を広《ひろ》げる能力《のうりょく》6つを曜日別《ようびべつ》に分《わ》けて、毎日《まいにち》やるものを決《き》めよう。

月曜日《げつようび》	質問力《しつもんりょく》
火曜日《かようび》	質問力《しつもんりょく》の答《こた》え調《しら》べ
水曜日《すいようび》	語彙力《ごいりょく》
木曜日《もくようび》	物語力《ものがたりりょく》
金曜日《きんようび》	計算力《けいさんりょく》
土曜日《どようび》	体験力《たいけんりょく》
日曜日《にちようび》	反省力《はんせいりょく》

パターンB

脳《のう》の可動域《かどういき》が広《ひろ》がるすごろくを使《つか》って学《まな》ぶ

この本《ほん》のカバーの裏側《うらがわ》に、オリジナルのすごろくがあります。このすごろくに従《したが》ってレッスンを進《すす》めましょう。自分《じぶん》でオリジナルのすごろくを作《つく》るのもおすすめです！

＼カバーの裏側《うらがわ》／

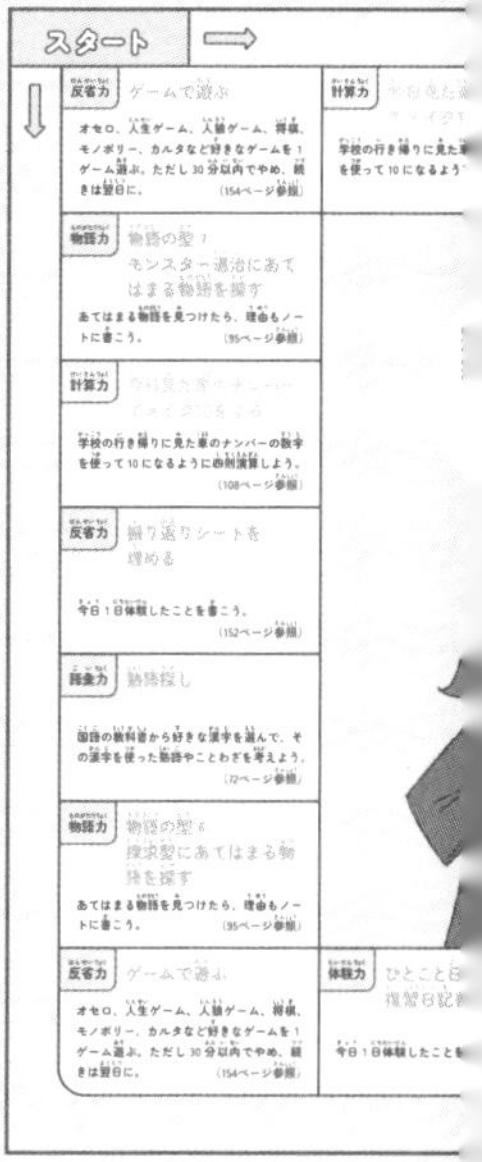

用意《ようい》するもの

・付箋《ふせん》
・サイコロ
・ペン
・専用《せんよう》ノート

遊《あそ》び方《かた》

①付箋《ふせん》1枚《まい》に自分《じぶん》の名前《なまえ》を書《か》く。これがコマになる。
②サイコロを振《ふ》り、出《で》た数《かず》だけ進《すす》む。①の付箋《ふせん》を貼《は》る。
③止《と》まったコマに書《か》いてある問題《もんだい》を解《と》き、答《こた》えをノートに書《か》く。
④毎日《まいにち》①～③を繰《く》り返《かえ》す。

勉強《べんきょう》に必要《ひつよう》な
脳《のう》の可動域《かどういき》を広《ひろ》げる力《ちから》

身《み》の回《まわ》りの「なぜ？」を探《さが》してみよう！

・科目《かもく》・
理科《りか》

生《い》き物《もの》や自然現象《しぜんげんしょう》などの「アタリマエ」に対《たい》して「なぜ？」と質問《しつもん》できるようになると、頭《あたま》がどんどん良《よ》くなります

まず初《はじ》めに鍛《きた》えていくのは「質問力《しつもんりょく》」です。理科《りか》に必要不可欠《ひつようふかけつ》な考《かんが》える力《ちから》をつけるためには、「質問力《しつもんりょく》」が絶対《ぜったい》に欠《か》かせないんです！

でも、おかしいと思《おも》いませんでしたか？　「考《かんが》える」というと、普通《ふつう》はひとりでやるべきことです。ですが、「質問《しつもん》」というと、普通《ふつう》は質問《しつもん》をする人《ひと》と、それに答《こた》える人《ひと》の、最《さい》

低《てい》2人《ふたり》以上《いじょう》ですることですよね。

どうして、考《かんが》えるために、質問《しつもん》が必要《ひつよう》なのか。

それは、優《すぐ》れた質問《しつもん》をするためには、常《つね》に考《かんが》えることが求《もと》められるからです！　良《よ》い質《しつ》問《もん》ができるようにトレーニングを積《つ》むことは、考《かんが》える力《ちから》（思考力《しこうりょく》）を身《み》につけることに直《ちょっ》結《けつ》します。

ですから、頭《あたま》の回転《かいてん》を速《はや》くしていくためには、少《すこ》しでも疑問《ぎもん》を持《も》ったら必《かなら》ず質問《しつもん》を考《かんが》えること！　これがいちばん良《よ》い練習《れんしゅう》になるのです。

▼どうして「質問《しつもん》」がトレーニングになるのか？

そもそも、どうして質問《しつもん》することが良《よ》い思考《しこう》のトレーニングになるのでしょうか。それは、質問《しつもん》は常識《じょうしき》を疑《うたが》うことから始《はじ》まっていくからです。思考《しこう》を停止《ていし》したままでは「アタリマエ」で流《なが》してしまうことでも、頭《あたま》を働《はたら》かせていれば、逃《のが》さずにとらえることができるようになります。

質問力《しつもんりょく》とは、「アタリマエ」を「アタリマエ」にせず、常《つね》に理由《りゆう》を探《さぐ》るために必要《ひつよう》な力《ちから》なんです。

たとえば、ある晴《は》れた日《ひ》に公園《こうえん》へ遊《あそ》びに出《で》たとします。上《うえ》を見上《みあ》げると、雲一《くもひと》つない快《かい》晴《せい》の空《そら》が広《ひろ》がっているでしょう。この時《とき》、何《なに》も考《かんが》えていなければ「あぁ、今日《きょう》も気持《きも》ちがいい日《ひ》だなぁ！」と思《おも》うだけで終《お》わってしまいます。だって、空《そら》が青《あお》いのも、太陽《たいよう》から光《ひかり》が降《ふ》り注《そそ》いでいるのも、すべて「アタリマエ」のことで、疑《うたが》う余地《よち》はないように思《おも》えるからです。

しかし、常《つね》に考《かんが》える態勢《たいせい》が整《ととの》っていれば、「空《そら》が青《あお》い」という事実《じじつ》から「どうして空《そら》は青《あお》いんだろう？」と考《かんが》えることが可能《かのう》になります。

実《じつ》は、普段《ふだん》は見逃《みのが》してしまっているだけで、私《わたし》たちの身《み》の回《まわ》りには、たくさんの質問《しつもん》の種《たね》が眠《ねむ》っているんです。

先《さき》ほどの例《れい》以《い》外《がい》にも、たとえば、「どうして信《しん》号《ごう》機《き》の『止《と》まれ』は赤色《あかいろ》なんだろう？」とか「どうして蝶《ちょう》は空《そら》を飛《と》べるのに、自《じ》分《ぶん》は空《そら》を飛《と》べないのだろう？」というように、「どうして？」と子《こ》どもに問《と》われても安《あん》易《い》に答《こた》えられない疑《ぎ》問《もん》は無《む》数《すう》に存《そん》在《ざい》します。私《わたし》たちの日《にち》常《じょう》生《せい》活《かつ》は、私《わたし》たちが意《い》識《しき》できていないだけで、質《しつ》問《もん》にあふれているのです！

思《し》考《こう》力《りょく》とは、何《なに》か考《かんが》えるべき対《たい》象《しょう》があって、初《はじ》めて発《はっ》揮《き》される力《ちから》。日《にち》常《じょう》に潜《ひそ》んでいる疑《ぎ》問《もん》は、まさに思《し》考《こう》力《りょく》を鍛《きた》えるためにうってつけの教《きょう》材《ざい》です。隠《かく》れた謎《なぞ》を発《はっ》掘《くつ》するためにも、その謎《なぞ》を解《と》き明《あ》かすためにも思《し》考《こう》力《りょく》が必《ひつ》要《よう》となりますから、一《いち》度《ど》で二《に》度《ど》おいしい一《いっ》石《せき》二《に》鳥《ちょう》なトレーニング相《あい》手《て》になります。

▼「質《しつ》問《もん》力《りょく》」を鍛《きた》えるトレーニングとは？

それでは、どうすれば日《にち》常《じょう》に潜《ひそ》んだ疑《ぎ》問《もん》を掘《ほ》り起《お》こせるでしょうか？　そのためには、まず自《じ》分《ぶん》が当《あ》たり前《まえ》だと感《かん》じていることを書《か》き出《だ》してみるとよいでしょう。

真《ま》っ白《しろ》な紙《かみ》を1枚用意《まいようい》してみてください。

ここに「空《そら》は青《あお》い」だとか「太陽《たいよう》はまぶしい」というように、一《ひと》つ一《ひと》つ「アタリマエ」なことを書《か》き出《だ》していきます。

その次《つぎ》に、書《か》き出《だ》したことがらそれぞれについて、頭《あたま》に「なぜ」を、終《お》わりに「のか?」とつけてみましょう。たとえば「空《そら》が青《あお》い」という文《ぶん》なら「なぜ空《そら》は青《あお》いのか?」となりますし、「太陽《たいよう》はまぶしい」という文《ぶん》なら「なぜ太陽《たいよう》はまぶしいのか?」となります。

もしここで「どうしてだろう?」と思《おも》えれば、その疑問《ぎもん》について考《かんが》えてみましょう。しかし、これだけでいきなり疑問《ぎもん》を持《も》つのは、ちょっと難《むずか》しいと思《おも》います。さっきまでアタリマエだと思《おも》っていたことを、突然疑《とつぜんうたが》えなんて言《い》われても、頭《あたま》が混乱《こんらん》してしまいますよね。

こんな時《とき》に試《ため》してほしい裏《うら》ワザがあります。疑問《ぎもん》の一部《いちぶ》を変《か》えた文章《ぶんしょう》を書《か》いてみて、比《くら》べるのです。

先《さき》ほどの例《れい》で考《かんが》えてみましょう。

「なぜ空《そら》は青《あお》いのか？」としても、なかなか疑《うたが》うことは難《むずか》しい。では、空《そら》の色《いろ》のバリエーションを考《かんが》えてみましょう。青以外《あおいがい》にも思《おも》いつく色《いろ》がもう1色《しょく》あるはずです。そう、赤《あか》ですよね。日中《にっちゅう》の空《そら》は青《あお》いのに、夕方《ゆうがた》になっていくとどんどん空《そら》は赤《あか》くなっていきます。夕《ゆう》焼《や》けという現象《げんしょう》です。もしくは、もっと時間《じかん》を経過《けいか》させてみてもよいでしょう。夜《よる》になると、空《そら》は黒一色《くろいっしょく》になりますよね。

同《おな》じ空《そら》なのに、時間帯《じかんたい》によって、青色《あおいろ》、赤色《あかいろ》、黒色《くろいろ》の少《すく》なくとも3色《しょく》に分《わ》かれてしまう。

これってちょっとおかしいと思《おも》いませんか？

こうなると、疑問《ぎもん》も変《か》えなくてはいけません。時間帯《じかんたい》で変《か》わっていくのですから、それぞれの質問《しつもん》に時間《じかん》の要素《ようそ》を追加《ついか》しましょう。すると「なぜ空《そら》は青《あお》いのか？」ではなく「なぜ昼間《ひるま》の空《そら》は青《あお》いのか？」「なぜ夕方《ゆうがた》の空《そら》は赤《あか》いのか？」「なぜ夜《よる》の空《そら》は黒《くろ》いのか？」と3つの文章《ぶんしょう》ができました。これら3つの文章《ぶんしょう》までたどり着《つ》ければ、「どうして？」と思《おも》えるようになるかもしれません。

先《さき》ほど使《つか》った手法《しゅほう》は、少《すこ》し難《むずか》しいのですが「別《べつ》の要素《ようそ》で入《い》れ替《か》えてみる」という方法《ほうほう》になります。

「空《そら》は青《あお》い」という文章《ぶんしょう》について、「青《あお》」という色《いろ》に着目《ちゃくもく》して、別《べつ》の色《いろ》を当《あ》てはめてみるのです。今回《こんかい》は、青以外《あおいがい》にも、赤《あか》や黒《くろ》といった色《いろ》が当《あ》てはまることに着目《ちゃくもく》して「なぜ昼間《ひるま》の空《そら》は青《あお》いのか？」「なぜ夕方《ゆうがた》の空《そら》は赤《あか》いのか？」「なぜ夜《よる》の空《そら》は黒《くろ》いのか？」というように質問《しつもん》を拡張《かくちょう》してやりました。

これは、別《べつ》の質問《しつもん》にも応用可能《おうようかのう》です。たとえば、「地球《ちきゅう》は丸《まる》い」という文《ぶん》から「どうして地球《ちきゅう》は丸《まる》いのか？」と考《かんが》えたとしましょう。しかし、これだけではちょっとアタリマエ度《ど》が高《たか》すぎる。なぜ丸《まる》いのかと言《い》われても、それは元《もと》からそうだからだとしか思《おも》えないのが普通《ふつう》です。

こうした時《とき》は、別《べつ》の比較対象《ひかくたいしょう》を用意《ようい》してやります。つまり、「どうして四角《しかく》い星《ほし》はないのか？」「どうして三角《さんかく》の星《ほし》はないのか？」というように、別《べつ》の形《かたち》の惑星《わくせい》がない理由《りゆう》を考《かんが》えてみるのです。今回《こんかい》の場合《ばあい》は「星《ほし》＝丸型《まるがた》」という式《しき》について、形《かたち》を変更《へんこう》してみることで疑問《ぎもん》の幅《はば》を広《ひろ》げるという方法《ほうほう》になります。

青以外《あおいがい》にはどんな色《いろ》があるのか？　丸以外《まるいがい》にはどんな形《かたち》があるのか？　というように、それぞれ別《べつ》の色《いろ》や形《かたち》に変《か》えてみることで、疑問《ぎもん》がより疑問《ぎもん》らしくなっていくのです。

ちなみに、これでも「どうして？」と思《おも》えない方《かた》もいらっしゃるでしょう。そういった場合《ばあい》には、さらに今《いま》の質問《しつもん》をまとめてみることも効果的《こうかてき》です。

先《さき》ほどの質問《しつもん》は、昼間《ひるま》、夕方《ゆうがた》、夜《よる》のそれぞれの時間帯《じかんたい》について、空《そら》に色《いろ》がつくことを不思議《ふしぎ》に思《おも》っての疑問《ぎもん》でした。しかし、こうも思《おも》えないでしょうか？　「どうして色《いろ》が変《か》わっていくのだろう？」と。試《ため》しに、あなたの周《まわ》りで、時間帯《じかんたい》ごとに徐々《じょじょ》に色《いろ》が移《うつ》り変《か》わっていくものを思《おも》い浮《う》かべてみてください。そう多《おお》くは出《で》てこないはずです。しかし空《そら》だけは、毎日毎日《まいにちまいにち》、朝《あさ》から昼間《ひるま》にかけては青空《あおぞら》が、夕方《ゆうがた》には赤《あか》い夕焼《ゆうや》けが広《ひろ》がり、日没後《にちぼつご》には黒一色《くろいっしょく》になってしまいます。これって、不思議《ふしぎ》ですよね？

こう考《かんが》えてみると、先《さき》ほど掲《かか》げた3つの質問《しつもん》は、次《つぎ》のように言《い》い換《か》えることができます。つまり「なぜ空《そら》の色《いろ》は時間帯《じかんたい》ごとに移《うつ》り変《か》わっていくのだろうか？」というような具合《ぐあい》です。

ここまでの方法《ほうほう》で疑問《ぎもん》を育《そだ》てることができたら、次《つぎ》は仮説《かせつ》を立《た》ててみましょう。「空《そら》が青《あお》い理由《りゆう》は空気《くうき》が青《あお》いからだ！」「星《ほし》の形《かたち》が丸《まる》いのは、丸《まる》がいちばんいい形《かたち》だったからだ！」というように、予想《よそう》でよいので、理由《りゆう》を考《かんが》えてみるのです。

そして、その理由《りゆう》を誰《だれ》かに説明《せつめい》してみましょう。先《さき》ほどの仮説《かせつ》に対《たい》してならば、「なぜ空気《くうき》が青《あお》いのか？」「なぜ丸《まる》がいちばんいい形《かたち》なのか？」について、どうしてそう考《かんが》えたのか？　を説明《せつめい》してみるのです。

こうすることで、考《かんが》える力《ちから》はより一層《いっそう》伸《の》びていきます。

おすすめは、親子《おやこ》でそれぞれ考《かんが》えて仮説《かせつ》を発表《はっぴょう》し合《あ》うこと。お子《こ》さん自身《じしん》で考《かんが》えることも力《ちから》になりますが、誰《だれ》かの考《かんが》えたことを見聞《みき》きすることからも、多《おお》くの経験値《けいけんち》を得《え》ることができるからです。

そうして仮説《かせつ》まで立《た》て終《お》わったら、いよいよ検証《けんしょう》に移《うつ》りましょう！

本《ほん》や図鑑《ずかん》はもちろんのこと、スマホやパソコンなどを使《つか》って、先《さき》ほど立《た》てた疑問《ぎもん》について、答《こた》えを調《しら》べてみる段階《だんかい》に入《はい》ります。この時《とき》、きっと調《しら》べ方《かた》がわからない！　と壁《かべ》にぶつかる人《ひと》もいらっしゃるでしょう。ですが、そこまで含《ふく》めても勉強《べんきょう》です。まずは、自分《じぶん》の思《おも》うように、調《しら》べ学習《がくしゅう》を進《すす》めてみましょう！

それでもなかなか答《こた》えにたどり着《つ》けないという方《かた》に、特大《とくだい》のヒント。まずはスマートフォンでインターネット検索《けんさく》をするところから始《はじ》めてみましょう。

確《たし》かに、本《ほん》や図鑑《ずかん》を使《つか》って調《しら》べると、とっても詳《くわ》しくて正確《せいかく》な情報《じょうほう》が出《で》てくるので大変《たいへん》おすすめです。しかし、どんな本《ほん》に欲《ほ》しい情報《じょうほう》があるかは読《よ》んでみないとわかりません。読《よ》む前《まえ》から本《ほん》を絞《しぼ》り込《こ》むこともできますが、それにはある程度《ていど》の経験《けいけん》や事前知識《じぜんちしき》が必要《ひつよう》になります。調査初心者《ちょうさしょしんしゃ》にはちょっと難《むずか》しいかもしれません。ですから、最初《さいしょ》はインターネット検索《けんさく》から始《はじ》めてみることをおすすめします。

こうして答《こた》えにたどり着《つ》いたら、その答《こた》えをよく読《よ》み込《こ》みましょう。そこで、また疑問《ぎもん》が生《う》まれたら、同《おな》じように仮説《かせつ》を立《た》てて、答《こた》えを調《しら》べます。疑問《ぎもん》が疑問《ぎもん》を呼《よ》ぶことは珍《めずら》しいことではありません。最初《さいしょ》は素朴《そぼく》な疑問《ぎもん》だったとしても、調《しら》べていくうちに、どんどん専門的《せんもんてき》な内容《ないよう》になっていくでしょう。そうして、調査《ちょうさ》の末《すえ》に、すべての疑問《ぎもん》が解消《かいしょう》したようなら、そこで調査《ちょうさ》は終了《しゅうりょう》！　またひとつ賢《かしこ》くなりましたね。

ここでは疑問《ぎもん》をとらえる力《ちから》、仮説《かせつ》を立《た》てる力《ちから》、調査《ちょうさ》をする力《ちから》の3つを鍛《きた》えることを通《とお》して思考力《しこうりょく》を磨《みが》きました。

質問力《しつもんりょく》は、すべての思考《しこう》の根《ね》っこに位置《いち》する大事《だいじ》な力《ちから》。まずはここから思考力《しこうりょく》トレーニングを始《はじ》めていきましょう！

「なぜ」お母さんは突然怒る「のか？」

質問力《しつもんりょく》の鍛《きた》え方《かた》

1

＼ START ／

自分《じぶん》の身《み》の回《まわ》りのことから
「アタリマエ」な物事《ものごと》を１つ探《さが》す

例《れい》 空《そら》は青《あお》い

2

「アタリマエ」の
事柄《ことがら》に
「なぜ」と「のか？」
を加《くわ》える

例《れい》 なぜ空《そら》は青《あお》いのか？

3

疑問《ぎもん》に思《おも》う
理由《りゆう》を
書《か》き出《だ》す

例《れい》　昼間《ひるま》は青《あお》いけど、夕方《ゆうがた》は赤《あか》いし夜《よる》は黒《くろ》い。時間《じかん》によって色《いろ》が変《か》わるのが不思議《ふしぎ》

4

疑問《ぎもん》に思《おも》ったことを
仮説《かせつ》を立《た》てて考《かんが》えてみよう

例《れい》　太陽《たいよう》の色《いろ》と関係《かんけい》しているから

5

＼ GOAL ／

仮説《かせつ》が正《ただ》しいか
調《しら》べてみて、
わかったことを
お父《とう》さんやお母《かあ》さん
に教《おし》えよう

質問力《しつもんりょく》
レッスン

疑問《ぎもん》の種探《たねさが》しに挑戦《ちょうせん》！

あちこちに潜《ひそ》んでいる 疑問《ぎもん》の種《たね》を探《さが》そう！

15 分以内《ふんいない》

質問力《しつもんりょく》をつけるには、やっぱり質問《しつもん》をすることが大事《だいじ》です！

ですが「どこから質問《しつもん》すればいいのかわからないよ〜」というみなさんの声《こえ》が聞《き》こえてきそうです。そう、慣《な》れないと質問《しつもん》の種《たね》を見《み》つけるのはとても大変《たいへん》なんです。

そこで最初《さいしょ》は、いろいろなところに潜《ひそ》んでいる疑問《ぎもん》の種《たね》を探《さが》す練習《れんしゅう》から始《はじ》めましょう。

左《ひだり》ページの絵《え》は、日常生活《にちじょうせいかつ》の１コマを切《き》り取《と》ったものです。

ここから質問《しつもん》できることはないかな？　と探《さが》しましょう！　まずは気《き》になったことを片《かた》っ端《ぱし》から書《か》き出《だ》してください。

＊ノートに書《か》き出《だ》してね。コピーしたものをノートに貼《は》ってもいいよ。

←次《つぎ》のページに続《つづ》きます

疑問《ぎもん》の種探《たねさが》しに挑戦《ちょうせん》！

15 分以内《ふんいない》

1 前《まえ》のページの絵《え》を見《み》て気《き》になったことを書《か》き出《だ》そう！

例《れい》 犬《いぬ》がしっぽを振《ふ》っている
木《き》に果物《くだもの》がなっている

2 1 で「気《き》になったこと」の理由《りゆう》はわかるかな？ わからないもので質問《しつもん》を作《つく》ろう！

例《れい》 なぜ木《き》に果物《くだもの》がなるのか？

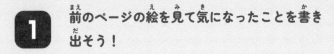

＊ノートに書《か》き出《だ》してね。コピーしたものをノートに貼《は》ってもいいよ。

疑問《ぎもん》の種探《たねさが》しの解説《かいせつ》

文章《ぶんしょう》にするとアタリマエが疑問《ぎもん》に変《か》わりやすい

「鳥《とり》が飛《と》んでいる」「太陽《たいよう》がまぶしい」「子《こ》どもが遊《あそ》んでる」「草《くさ》や木《き》が生《は》えている」というように、それぞれのようすを文章《ぶんしょう》にします。次《つぎ》に、これらについて理由《りゆう》がわからないことがないか考《かんが》えてみてください。

たとえば、あなたは鳥《とり》が飛《と》んでいる理由《りゆう》はわかりますか？　鳥《とり》は翼《つばさ》を使《つか》って飛《と》べるのに、どうして犬《いぬ》や猫《ねこ》、そして人間《にんげん》は翼《つばさ》をつけても飛《と》べないのでしょうか。

太陽《たいよう》がまぶしい理由《りゆう》はわかりますか？　お星《ほし》さまといえば夜空《よぞら》を見上《みあ》げればたくさんありますが、その中《なか》でも太陽《たいよう》のまぶしさ、存在感《そんざいかん》は別格《べっかく》です。どうして太陽《たいよう》だけが、あんなにギラギラと激《はげ》しく照《て》り付《つ》けてくるのでしょうか。

このように、日常生活《にちじょうせいかつ》の中《なか》でアタリマエだと思《おも》っていることでも、文章《ぶんしょう》に起《お》こしてみることで、アタリマエ度《ど》が下《さ》がります。自分《じぶん》でよく考《かんが》えてみると、理由《りゆう》が全《まった》くわからない。そんなものに突《つ》き当《あ》たったらチャンス！　そこに「なぜ」と「のか？」をつけましょう！　おうちにある写真《しゃしん》を眺《なが》めながら、いろんな質問《しつもん》の種探《たねさが》しを続《つづ》けてください。こうすることで質問力《しつもんりょく》は育《そだ》ちますよ。

疑問《ぎもん》の種探《たねさが》しに挑戦《ちょうせん》！

45ページの絵《え》を見《み》て質問《しつもん》の種《たね》を探《さが》そう

15
分以内《ふんいない》

3 左《ひだり》のページの絵《え》を見《み》て気《き》になったことを書《か》き出《だ》そう！

例《れい》 包丁《ほうちょう》で野菜《やさい》を切《き》っている
冷蔵庫《れいぞうこ》の中《なか》はいつも冷《つめ》たい

4 3 で「気《き》になったこと」の理由《りゆう》はわかるかな？わからないもので質問《しつもん》を作《つく》ろう！

例《れい》 なぜ包丁《ほうちょう》は野菜《やさい》を切《き》れるのか？

＊ノートに書《か》き出《だ》してね。コピーしたものをノートに貼《は》ってもいいよ。

疑問《ぎもん》の種探《たねさが》しに挑戦《ちょうせん》！

47ページの絵《え》を見《み》て質問《しつもん》の種《たね》を探《さが》そう

15分以内《ふんいない》

5 左《ひだり》のページの絵《え》を見《み》て気《き》になったことを書《か》き出《だ》そう！

例《れい》 星《ほし》がキラキラしている
鳥《とり》は寝《ね》ているのにふくろうは起《お》きている

6 5 で「気《き》になったこと」の理由《りゆう》はわかるかな？ わからないもので質問《しつもん》を作《つく》ろう！

例《れい》 なぜふくろうは起《お》きているのか？

＊ノートに書《か》き出《だ》してね。コピーしたものをノートに貼《は》ってもいいよ。

から疑問《ぎもん》の種《たね》を見《み》つけよう！

学校《がっこう》の宿題《しゅくだい》から疑問《ぎもん》の種《たね》を見《み》つけてみることを目指《めざ》しましょう！

15 分以内《ふんいない》

どんなことでも質問《しつもん》にはなりえます。たとえば、算数《さんすう》の宿題《しゅくだい》に「1+1＝？」と書《か》かれていたとします。この時《とき》、「その答《こた》えは2です！」と答《こた》えるのは簡単《かんたん》でしょう。しかし、本当《ほんとう》にそれでいいのでしょうか？　確《たし》かに１＋１は２になりますが、どうして１＋１は２になるのでしょうか？　考《かんが》えたことはありますか？

実《じつ》は、１＋１＝２の理由《りゆう》は大学生《だいがくせい》になってから学《まな》ぶことになります。これを考《かんが》えるためにはとっても細《こま》かくて大事《だいじ》な話《はなし》をしなくてはいけません。ですが、最初《さいしょ》のうちからあまり細《こま》かすぎることを言《い》われても嫌《いや》ですよね。ですから、最初《さいしょ》のうちはあまりそういったことは話《はな》さず、全部飛《ぜんぶと》ばして１＋１＝２だと教《おし》えてしまうのです。

算数以外《さんすういがい》の教科《きょうか》についても考《かんが》えてみてください。どうしてアサガオは水《みず》をあげると育《そだ》つんだろう？　どうして赤信号《あかしんごう》は止《と》まれなんだろう？　いろいろな疑問《ぎもん》を持《も》つことはとてもすばらしいことです！　全部《ぜんぶ》の科目《かもく》の宿題《しゅくだい》で見《み》つけられるようにがんばってみましょう！

学校《がっこう》の宿題《しゅくだい》

＊ノートに書《か》き出《だ》してね。コピーしたものをノートに貼《は》ってもいいよ。

1 今日《きょう》の宿題《しゅくだい》で気《き》になったことを書《か》き出《だ》してみよう！

例《れい》 1＋1＝2
青信号《あおしんごう》は緑色《みどりいろ》

2 1 の「気《き》になったこと」の理由《りゆう》はわかるかな？ わからないもので質問《しつもん》を作《つく》ろう！

例《れい》 なぜ1＋1＝2なのか？
なぜ青信号《あおしんごう》は緑色《みどりいろ》なのか？

言葉《ことば》をより深《ふか》く知《し》ろう！

言葉《ことば》を知《し》っているかが頭《あたま》の良《よ》さに直結《ちょっけつ》。そのためには漢字《かんじ》そのものの意味《いみ》を知《し》り、漢字《かんじ》から意味《いみ》を推察《すいさつ》できるようになることが大切《たいせつ》です

・科目《かもく》・
国語《こくご》
英語《えいご》

次《つぎ》に大事《だいじ》なのは、「語彙力《ごいりょく》」です。言葉《ことば》を知《し》っているかどうか、言葉《ことば》を理解《りかい》して話《はなし》ができているかどうかの力《ちから》のことを「語彙力《ごいりょく》」と言《い》います。

ハッキリ言《い》って、言葉《ことば》を知《し》っているかどうかというのは、頭《あたま》の良《よ》さに直結《ちょっけつ》します。言葉《ことば》の力《ちから》がない状態《じょうたい》で勉強《べんきょう》したって、絶対《ぜったい》にうまくいきません。

「国語《こくご》ができない！」とか「英語《えいご》が読《よ》めない」とか「教科書《きょうかしょ》の内容《ないよう》が頭《あたま》に入《はい》ってこない」とか「本《ほん》が読《よ》めない！」とか「理解度《りかいど》が自分《じぶん》は低《ひく》い」とか、勉強《べんきょう》に関《かか》わる悩《なや》みというのはとても多《おお》いですが、そのうちの8割《わり》は、「言葉《ことば》」に起因《きいん》する悩《なや》みだと言《い》っていいでしょう。

そもそも言葉《ことば》がわかってないから、何《なん》かを読《よ》んでも意味《いみ》がわからない、ということが圧倒的《あっとうてき》に多《おお》いわけなんです。

▼言葉《ことば》を知《し》らないと、成績《せいせき》が上《あ》がらない！

10年《ねん》ほど前《まえ》の話《はなし》ですが、「東《とう》ロボくんプロジェクト」というものが行《おこな》われました。これは、「AIが東大《とうだい》に合格《ごうかく》できるだけの学力《がくりょく》を持《も》てるのか」を研究《けんきゅう》したものです。この結果《けっか》、本《ほん》プロジェクトの責任者《せきにんしゃ》だった新井紀子《あらいのりこ》先生《せんせい》は、書籍《しょせき》『AI vs. 教科書《きょうかしょ》が読《よ》めない子《こ》どもたち』（東洋経済新報社《とうようけいざいしんぽうしゃ》）を執筆《しっぴつ》することになります。

その著書《ちょしょ》の中《なか》で新井《あらい》先生《せんせい》は「大半《たいはん》の子《こ》どもたちは、そもそも教科書《きょうかしょ》が読《よ》めていない」ということを述《の》べていました。

多《おお》くの「勉強《べんきょう》ができない！」と嘆《なげ》いている人《ひと》は「頭《あたま》が悪《わる》い」のではなく、教科書《きょうかしょ》や先生《せんせい》の話《はなし》が、そもそもわかっていないのです。

たとえば「偏在《へんざい》」という言葉《ことば》が何《なん》だかわかっていない人《ひと》が、社会《しゃかい》の授業《じゅぎょう》で「これらの資《し》源《げん》は偏在《へんざい》しており、ではどこに偏在《へんざい》しているかというと……」なんて言《い》われても理解《りかい》できるはずがないのです。偏在《へんざい》は「偏《かたよ》って存在《そんざい》していること」を指《さ》し、「他《た》の地域《ちいき》にはあまり存在《そんざい》していない、そこでしかあまり取《と》れていないような資源《しげん》」のことを「資源《しげん》が偏在《へんざい》している」と言《い》います。

たとえば「累積《るいせき》」という言葉《ことば》が何《なん》なのかわかりますか？　言葉《ことば》を知《し》らなければ数学《すうがく》の授《じゅ》業《ぎょう》で「累積《るいせき》した結果《けっか》がこれで、この計算《けいさん》をすると……」なんて話《はなし》を聞《き》いてもわかるわけがないですよね。累積《るいせき》は「累計《るいけい》」と同《おな》じような意味《いみ》で、「積《つ》み重《かさ》なっていった結果《けっか》、どうなったのかの合計《ごうけい》のこと」を指《さ》します。

つまり、これらの言葉《ことば》をわかっていない状態《じょうたい》で何《なに》かを勉強《べんきょう》しようとするのは、英語《えいご》がわからないのに英語《えいご》で授業《じゅぎょう》を聞《き》いているようなもの。日本語《にほんご》がわからないのに日本語《にほんご》で勉強《べんきょう》したって理解《りかい》できるはずがないのです。

それなのにもかかわらず、なんとなく「日本語《にほんご》だし、大丈夫《だいじょうぶ》だろう」と考《かんが》えていると、痛《いた》い目《め》にあってしまう、ということなのです。

▼普段使《ふだんつか》っている言葉《ことば》に「なぜ？」と考《かんが》えていこう！

さて、語彙力《ごいりょく》を身《み》につけるためには、普段使《ふだんつか》っている言葉《ことば》に「なぜ？」と考《かんが》えていくことが重要《じゅうよう》です。

たとえばみなさんは、「思《おも》う」という漢字《かんじ》と「想《おも》う」という漢字《かんじ》、どう使《つか》い分《わ》けるものなのかわかりますか？

ラブレターを書《か》くとして、そこで使《つか》う漢字《かんじ》として「思《おも》う」と「想《おも》う」、どちらが適切《てきせつ》なのでしょうか？

正解《せいかい》は「想《おも》う」です。

「思《おも》う」は自分《じぶん》の頭《あたま》で感《かん》じたことを単《たん》に表《あらわ》すだけの言葉《ことば》。「思案《しあん》する」とか「思考《しこう》する」というように「考《かんが》える」と同《おな》じような意味《いみ》で使《つか》われることが多《おお》いです。

対《たい》して「想《おも》う」は、自分《じぶん》がこうしたい！　という強《つよ》い感情《かんじょう》・願望《がんぼう》・意思《いし》を伝《つた》える時《とき》に使《つか》う言葉《ことば》。「理想《りそう》」と言《い》ったら「こうなりたい！」という強《つよ》い想《おも》いですよね。それと同《おな》じように、恋《こい》している相手《あいて》に「あなたを思《おも》っています」と書《か》くと、単純《たんじゅん》に「ああ君《きみ》のこと考《かんが》えてたんだよ」というくらいのテンションになっちゃうんですよね。

だからラブレターを書《か》くときには「あなたを想《おも》っています」と「想《おも》う」を使《つか》わないと、「想《おも》い」は伝《つた》わらないのです。

このように、漢字《かんじ》を深《ふか》く理解《りかい》していくことは、語彙力《ごいりょく》を大《おお》きく伸《の》ばすきっかけになります。

というのも、実《じつ》はある程度《ていど》漢字《かんじ》がわかっていれば、なんとなく意味《いみ》が理解《りかい》できる場合《ばあい》も多《おお》いからです。

たとえば「交易《こうえき》」という言葉《ことば》を知《し》らなくても、「交《こう》」という漢字《かんじ》は「交流《こうりゅう》」や「交際《こうさい》」という言葉《ことば》で使《つか》いますよね？ 何《なに》かを交《まじ》わらせているんだろうなぁ、ということはわかるはずです。そこから、何《なに》かを交換《こうかん》するみたいな意味《いみ》を類推《るいすい》することはできるはずです。

または「想起《そうき》」と言《い》ったら「想《おも》い起《お》こすことなんでしょ？」と理解《りかい》することができますよね。「想起《そうき》」自体《じたい》を知《し》らなくても、大体《だいたい》わかるわけです。

何《なに》が言《い》いたいのかといえば、漢字《かんじ》が組《く》み合《あ》わさった熟語《じゅくご》は、その漢字《かんじ》を知《し》っていればなんとなく理解《りかい》できるのです。語彙力《ごいりょく》がある人《ひと》というのは、漢字力《かんじりょく》が身《み》についている人《ひと》だと言《い》っても差《さ》し支《つか》えないのです。

だからこそ、国語《こくご》をまず勉強《べんきょう》する場合《ばあい》は「漢字《かんじ》の練習《れんしゅう》」をするべきだと僕《ぼく》は思《おも》います。

それも、ただ漢字《かんじ》を覚《おぼ》えるのではなく、その漢字《かんじ》を使《つか》った複数《ふくすう》の熟語《じゅくご》を思《おも》い浮《う》かべてみる勉強《べんきょう》をするのです。

たとえば「交《こう》」という言葉《ことば》を使《つか》った熟語《じゅくご》なら、交易《こうえき》・交流《こうりゅう》・交換《こうかん》・交渉《こうしょう》とさまざまな漢字《かんじ》があります。これらとの組《く》み合《あ》わせの中《なか》で、「交《こう》」という言葉《ことば》のイメージや、どんな場面《ばめん》で使《つか》う漢字《かんじ》なのかを理解《りかい》していくのです。「交《こう》」であればどれも、2人《ふたり》以上《いじょう》の人《ひと》が何《なに》かをし、お互《たが》いの何《なに》かを差《さ》し出《だ》し合《あ》う時《とき》に使《つか》う言葉《ことば》なのかもしれない、とイメージするのです。そうすれば、漢字力《かんじりょく》を高《たか》めつつ、語彙力《ごいりょく》を大《おお》きく向上《こうじょう》させることができるでしょう。

「なぜ？」と考《かんが》えるのも大事《だいじ》です。「交錯《こうさく》」という言葉《ことば》は「いくつかのものが入《い》り交《ま》じること」を指《さ》すわけですが、ここにも「交《こう》」が含《ふく》まれています。交錯《こうさく》は、2つ以上《いじょう》の↓がぶつかるようなイメージだからこそ、ここに「交《こう》」の字《じ》が入《はい》っていると言《い》えます。こうやって、「なぜこの漢字《かんじ》を使《つか》っているんだろう？」と考《かんが》えていけば、どんどん言葉《ことば》の幅《はば》が広《ひろ》がっていくことでしょう！

▼カタカナ語《ご》の意味《いみ》を考《かんが》えよう！

英語《えいご》に関《かん》しても言葉《ことば》に対《たい》して「なぜ？」を考《かんが》えていけばいくらでも学《まな》べます。日本《にほん》という国《くに》は、外国語圏《がいこくごけん》でもないのにたくさんのカタカナ語《ご》が使《つか》われていて、他《た》の国《くに》では考《かんが》えられないほど英語《えいご》を使《つか》っています。英語圏外《えいごけんがい》で、「いちばん英語《えいご》を使《つか》っている国《くに》」なんて言《い》われることもあるくらいなのです。

「プロミス」や「アートネイチャー」みたいな企業《きぎょう》の名前《なまえ》だったり、「レストハウス」とか「ペデストリアンデッキ」みたいな建物《たてもの》などの名称《めいしょう》だったり。それらが「なぜ」カタカナの名前《なまえ》なんだろう、と気《き》づくことが大事《だいじ》です。

アートネイチャーという企業《きぎょう》は、増毛《ぞうもう》を専門《せんもん》に行《おこな》っています。かつらを作《つく》ったり、人工《じんこう》的《てき》な髪《かみ》をつけることをしている会社《かいしゃ》さんなわけですが、なんでこの会社《かいしゃ》の名前《なまえ》は「アートネイチャー」なのでしょうか？　「アート」って芸術《げいじゅつ》ですよね。ということは、直訳《ちょくやく》すると「芸術的《げいじゅつてき》な自然《しぜん》」なわけですが、でもこれってあんまりピンときませんよね。「アートネイチャー」ってどういう意味《いみ》だと思《おも》いますか？

実《じつ》はアートって「芸術《げいじゅつ》」だけじゃないんです。アーティストって、絵《え》を描《えが》いている人《ひと》も本《ほん》を書《か》く人《ひと》もカメラマンもアーティスト。またはフィギュアスケートの選手《せんしゅ》を「氷上《ひょうじょう》のアーティスト」と呼《よ》ぶこともありますよね。アートは実《じつ》は「人《ひと》が行《おこな》うことすべて」「人為《じんい》」のことを指《さ》します。「自然《しぜん》＝ネイチャー」に対《たい》する反対語《はんたいご》が「アート」なのです。だから、「アートネイチャー」は相反《あいはん》する2つの言葉《ことば》をくっつけたものであり、「人工《じんこう》で自然《しぜん》なものを作《つく》り出《だ》す」というのが正《ただ》しい訳《やく》になります。髪《かみ》は自然《しぜん》なものですが、それを人工《じんこう》の力《ちから》でなんとか自然《しぜん》なものにする……そう解釈《かいしゃく》することもできます。

もちろんこれは、本当《ほんとう》にそうだという話《はなし》ではなくて、僕《ぼく》の想像《そうぞう》が多分《たぶん》に含《ふく》まれています。しかし「アートは芸術《げいじゅつ》だけじゃない！」というのは、理解《りかい》しておくと見《み》えてくるものも多《おお》い話《はなし》なのです。

「Artificial」という英単語《えいたんご》は、中高《ちゅうこう》に上《あ》がったら必《かなら》ず習《なら》う英単語《えいたんご》なのですが、これは「人工的《じんこうてき》な」という意味《いみ》です。これにも、「art」という言葉《ことば》が含《ふく》まれていますよね。アートの本当《ほんとう》の意味《いみ》を知《し》っていれば、楽《らく》に覚《おぼ》えられるわけですね。

他《ほか》にもこんな例《れい》があります。最近《さいきん》の子《こ》たちは、FPSやソーシャルゲームなどのオンラインゲームでパーティを組《く》んでプレイしていますね。パーティはよく使《つか》われる言葉《ことば》で、みんなで集《あつ》まって騒《さわ》ぐ宴会《えんかい》のことを指《さ》すこともありますし、ゲームなどで1つの団体《だんたい》を指《さ》して「パーティを組《く》む」なんて言《い》いますよね。でも、パーティって実際《じっさい》はどういう意味《いみ》なのかわかりますか？　大抵《たいてい》の人《ひと》は「集《あつ》まりって意味《いみ》？」というくらいしか理解《りかい》していなかったりします。

この「パーティ」は、英単語《えいたんご》の「part」から来《き》ています。partというのは全体《ぜんたい》に対《たい》する一部分《いちぶぶん》のことを指《さ》しているので、「このパート（部分《ぶぶん》）は彼《かれ》が担《にな》う」なんて使《つか》い方《かた》をします。そこから派生《はせい》して、「多《おお》くの人《ひと》の中《なか》で一部《いちぶ》の人《ひと》が集《あつ》まる」から「宴会《えんかい》」、「多《おお》くの人《ひと》の中《なか》で一部《いちぶ》の人《ひと》だけで団体《だんたい》を組《く》む」から「団体《だんたい》」のことを指《さ》すのです。パートタイムジョブといえば「その人《ひと》のいろんな時間《じかん》の中《なか》で一部《いちぶ》の時間《じかん》だけ働《はたら》く人《ひと》」のことを指《さ》しますが、これも「一部《いちぶ》」ですよね。パーテーションと言《い》えば、部屋《へや》と部屋《へや》とを仕切《しき》りで分《わ》けるもののこと。これも全体《ぜんたい》の中《なか》で「一部《いちぶ》」を作《つく》るものです。

「デパート」もありますよね。百貨店《ひゃっかてん》のことを「デパート」と呼《よ》んでいるわけですが、あれはなぜ「パート」が入《はい》っているかわかりますか？「デパート」は「デパートメントストア」の略《りゃく》で、意味《いみ》は「売《う》り場《ば》で区切《くぎ》られている場所《ばしょ》が集《あつ》まったお店《みせ》」です。これも「仕切《しき》り」「部分《ぶぶん》」という意味《いみ》からつながっているわけですね。

こんなふうに、カタカナを知《し》ると理解《りかい》しやすい英語《えいご》も多《おお》いわけです。

さて、これらを実践《じっせん》できるのが、「カタカナ言葉《ことば》の意味《いみ》探《さが》し」と「熟語《じゅくご》探《さが》し」です。66ページからの語彙力《ごいりょく》レッスンで見《み》ていきましょう！

重ねるって？

畳んだものは重ねて置いてね〜〜
カサネテってなあにぃ？
上に置くってこと〜〜
上か!!!
できた！

この子は「向こう側」を「上」と思い込んでいる。このように低学年までの子どもは上中下など位置を示す言葉の意味を知らないことが多い。

語彙力《ごいりょく》の鍛《きた》え方《かた》

1 \ START /

言葉《ことば》の意味《いみ》を考《かん》える

例《れい》「フォーム」の意味《いみ》を考《かん》える
野球《やきゅう》やテニスなどのスポーツなどで「フォームがいい」と言《い》いますが、「フォーム」とはどういう意味《いみ》でしょうか？

2

自分《じぶん》で考《かん》えたり、辞書《じしょ》やインターネットで検索《けんさく》して正《ただ》しい答《こた》えを見《み》つける

例《れい》「フォーマル」の意味《いみ》を考《かんが》える

結婚式《けっこんしき》など「フォーマルな格好《かっこう》で来《き》てください」と言《い》われますが、「フォーマル」とはどういう意味《いみ》でしょうか？

3

その言葉《ことば》から派生《はせい》した言葉《ことば》の意味《いみ》を考《かんが》える

例《れい》答《こた》え：フォーム＝formとは「形《かたち》」。

もっと言《い》うと、「外《そと》から見《み》た時《とき》の形《かたち》」のことを指《さ》します。

野球《やきゅう》やゴルフ・テニスでは「どの位置《いち》に腕《うで》が来《き》ていて、どの位置《いち》に足《あし》があって」という外《そと》から見《み》た特徴《とくちょう》を指《さ》して「フォームがいいね」と言《い》います。

「形《かたち》」「形態《けいたい》」「外見《がいけん》」などを指《さ》してフォームと言《い》うのです。

だから「フォーメーション」と言《い》ったら「外《そと》から見《み》た時《とき》にどう並《なら》んでいるか」を指《さ》す言葉《ことば》になるわけですね！

語彙力《ごいりょく》の鍛《きた》え方《かた》

5

その言葉《ことば》から
派生《はせい》した
別《べつ》の言葉《ことば》の
意味《いみ》を考《かんが》える

例《れい》「ユニフォーム」の意《い》味《み》を考《かんが》える
ユニフォームは「制《せい》服《ふく》」のこと。なぜ？
フォームは「形《かたち》」だけど、「形《かたち》」と「制服《せいふく》」って結《むす》びつかなそう？

4

自分《じぶん》で考《かんが》えたり、辞書《じしょ》やインターネットで検索《けんさく》して正《ただ》しい答《こた》えを見《み》つける

例《れい》答《こた》え：正式《せいしき》な、堅苦《かたくる》しい格好《かっこう》のこと
なぜ「形《かたち》」が「正式《せいしき》」になるかというのは、「形式《けいしき》ばっている」という日本語《にほんご》を知《し》っていればわかるはずです。「形通《かたちどお》り、型通《かたどお》り」というのは、言《い》ってしまえば遊《あそ》びがなくて堅苦《かたくる》しい状態《じょうたい》のこと。だからこそ「フォーマルな格好《かっこう》」といったら「形式《けいしき》ばっていて外見的《がいけんてき》にしっかりしている状態《じょうたい》」のことを指《さ》すわけです！

6 \ GOAL /

**自分《じぶん》で考《かんが》えたり、
辞書《じしょ》やインターネットで
検索《けんさく》して正《ただ》しい
答《こた》えを見《み》つける**

例《れい》 答《こた》え：「ユニ」は「ユニコーン（一角獣《いっかくじゅう》）」のユニで意《い》味《み》は「１」。

すると「ユニフォーム」は「１つの形《かたち》」という意味《いみ》になるわけですが、これだけだと「制服《せいふく》」となかなか結《むす》びつきません。

でも、「１つ」が「服《ふく》」のことを指《さ》しているのだと気《き》づければ、簡単《かんたん》に理解《りかい》できてしまいます。制服《せいふく》って、みんなが同《おな》じ服《ふく》を着《き》ている状態《じょうたい》で「１つの形《かたち》（＝服《ふく》）に統一《とういつ》されている」ことなわけです。だから、「ユニフォーム（１つの形《かたち》）」＝「制服《せいふく》」になるのです！

言葉《ことば》の意味《いみ》探《さが》しに挑戦《ちょうせん》！

「ポーズ」を考《かんが》えよう！

15
分以内《ふんいない》

制限時間《せいげんじかん》は15分《ふん》！　まずは自分《じぶん》で考《かんが》えてみよう。

❶ ゲームやビデオで一時停止《いちじていし》ボタンを押《お》すと「ポーズ中《ちゅう》」と表示《ひょうじ》されます。あの「ポーズ」ってどういう意味《いみ》なんでしょうか？

❷ 重要《じゅうよう》な役職《やくしょく》のことを「重要《じゅうよう》なポスト」って言《い》いますが、あれってどういう意味《いみ》なんでしょう？　「ポスト」って郵便局《ゆうびんきょく》の赤《あか》いポストと関係《かんけい》あるんでしょうか？

❸ 結婚《けっこん》するときに「プロポーズ」をしますが、あれはどうして「ポーズ＝置《お》く」なんでしょう？

＊ノートに書《か》き出《だ》してね。
コピーしたものをノートに貼《は》ってもいいよ。

カタカナ

カタカナ言葉《ことば》の意味《いみ》探《さが》しの答《こた》え調《しら》べ

15分以内《ふんいない》

辞書《じしょ》やインターネットで検索《けんさく》して正《ただ》しい答《こた》えを見《み》つけて、ノートに書《か》こう！

① ポーズの答《こた》え

② ポストの答《こた》え

② プロポーズの答《こた》え

←答《こた》えはP167に

言葉《ことば》の意味《いみ》探《さが》しに挑戦《ちょうせん》！

「プレーン」を考《かんが》えよう！

制限時間《せいげんじかん》は15分《ふん》！　まずは自分《じぶん》で考《かんが》えてみよう。

15 分以内《ふんいない》

❶「プレーンヨーグルト」ってありますけど、あれって結局《けっきょく》どういう味《あじ》のことを指《さ》すんでしょうか？　というか、プレーンって何《なに》？

❷飛行機《ひこうき》のことを「airplane」と英語《えいご》では言《い》いますが、あれってなんで「プレーン」なんでしょうか？

❸説明《せつめい》することも「explain」と表現《ひょうげん》します。なんで「平《たい》ら」が「説明《せつめい》」になるんでしょうか？

語彙力《ごいりょく》
レッスン

カタカナ

＊ノートに書《か》き出《だ》してね。
コピーしたものをノートに貼《は》ってもいいよ。

カタカナ言葉《ことば》の意味探《いみさが》しの答《こた》え調《しら》べ

15 分以内《ふんいない》

辞書《じしょ》やインターネットで検索《けんさく》して正《ただ》しい答《こた》えを見《み》つけて、ノートに書《か》こう！

① プレーンの答《こた》え

② airplane の答《こた》え

② explain の答《こた》え

← 答《こた》えはP167に

言葉《ことば》の意味《いみ》探《さが》しに挑戦《ちょうせん》！

「モーター」を考《かんが》えよう！

制限時間《せいげんじかん》は15分《ふん》！　まずは自分《じぶん》で考《かんが》えてみよう。

15
分以内《ふんいない》

❶ 車《くるま》などには「モーター」がついていますが、あれって一体《いったい》何《なに》？　モーターってどういう意味《いみ》なんでしょうか？

❷「モチベーション」を日本語《にほんご》に直《なお》すとなんて言《い》う？

❸「リモートワーク」が最近流行《さいきんはや》っていますが、「リモート」ってどういう意味《いみ》？「モート」＝「動《うご》く」をヒントにして考《かんが》えてみましょう。

＊ノートに書《か》き出《だ》してね。
コピーしたものをノートに貼《は》ってもいいよ。

語彙力《ごいりょく》
レッスン

カタカナ

カタカナ言葉《ことば》の意味《いみ》探《さが》しの答《こた》え調《しら》べ

15
分以内《ふんいない》

辞書《じしょ》やインターネットで検索《けんさく》して正《ただ》しい答《こた》えを見《み》つけて、ノートに書《か》こう！

① モーターの答《こた》え

② モチベーションの答《こた》え

② リモートの答《こた》え

←答《こた》えはP166に

熟語探《じゅくごさが》しに挑戦《ちょうせん》！

1

❶ 縦横《たてよこ》それぞれが二字熟語《にじじゅくご》になるように、中央《ちゅうおう》の空欄《くうらん》に漢字《かんじ》を入《い》れよう　**10分以内《ぶんいない》**

	夏	
青		白
	耳	

❷ なぜその漢字《かんじ》を入《い》れたのか、それぞれの熟語《じゅくご》の意味《いみ》をノートに書《か》く。辞書《じしょ》を使《つか》って調《しら》べてもよいです。　**10分以内《ぶんいない》**

漢字《かんじ》は、その文字《もじ》がどんな文字《もじ》とくっついて熟語《じゅくご》になるのかを理解《りかい》することで語彙力《ごいりょく》の幅《はば》が広《ひろ》がります。結果《けっか》、成績《せいせき》も上《あ》がり、さらに語彙力《ごいりょく》が増《ま》すという好循環《こうじゅんかん》にも！

＊ノートに書《か》き出《だ》してね。コピーしたものをノートに貼《は》ってもいいよ。

2

❶ 縦横《たてよこ》それぞれが二字熟語《にじじゅくご》になるように、中央《ちゅうおう》の空欄《くうらん》に漢字《かんじ》を入《い》れよう　**10分以内《ぶんいない》**

	合	
原		想
	性	

❷ なぜその漢字《かんじ》を入《い》れたのか、それぞれの熟語《じゅくご》の意味《いみ》をノートに書《か》く。辞書《じしょ》を使《つか》って調《しら》べてもよいです。　**10分以内《ぶんいない》**

3

❶ 縦横《たてよこ》それぞれが二字熟語《にじじゅくご》になるように、中央《ちゅうおう》の空欄《くうらん》に漢字《かんじ》を入《い》れよう　**10分以内《ぶんいない》**

	実	
音		情
	化	

❷ なぜその漢字《かんじ》を入《い》れたのか、それぞれの熟語《じゅくご》の意味《いみ》をノートに書《か》く。辞書《じしょ》を使《つか》って調《しら》べてもよいです。　**10分以内《ぶんいない》**

←答《こた》えはP165に

熟語《じゅくご》探《さが》しに挑戦《ちょうせん》！

4

❶ 縦横《たてよこ》それぞれが二字熟語《にじじゅくご》になるように、中央《ちゅうおう》の空欄《くうらん》に漢字《かんじ》を入《い》れよう　10分以内《ぶんいない》

	下	
初		地
	得	

❷ なぜその漢字《かんじ》を入《い》れたのか、それぞれの熟語《じゅくご》の意味《いみ》をノートに書《か》く。辞書《じしょ》を使《つか》って調《しら》べてもよいです。　10分以内《ぶんいない》

5

❶ 縦横《たてよこ》それぞれが二字熟語《にじじゅくご》になるように、中央《ちゅうおう》の空欄《くうらん》に漢字《かんじ》を入《い》れよう　10分以内《ぶんいない》

	一	
各		段
	位	

❷ なぜその漢字《かんじ》を入《い》れたのか、それぞれの熟語《じゅくご》の意味《いみ》をノートに書《か》く。辞書《じしょ》を使《つか》って調《しら》べてもよいです。　10分以内《ぶんいない》

＊ノートに書《か》き出《だ》してね。コピーしたものをノートに貼《は》ってもいいよ。

6

❶ 縦横《たてよこ》それぞれが二字熟語《にじじゅくご》になるように、中央《ちゅうおう》の空欄《くうらん》に漢字《かんじ》を入《い》れよう　**10分以内《ぶんいない》**

	苦	
困		局
	解	

❷ なぜその漢字《かんじ》を入《い》れたのか、それぞれの熟語《じゅくご》の意味《いみ》をノートに書《か》く。辞書《じしょ》を使《つか》って調《しら》べてもよいです。　**10分以内《ぶんいない》**

7

❶ 縦横《たてよこ》それぞれが二字熟語《にじじゅくご》になるように、中央《ちゅうおう》の空欄《くうらん》に漢字《かんじ》を入《い》れよう　**10分以内《ぶんいない》**

	感	
空		定
	像	

❷ なぜその漢字《かんじ》を入《い》れたのか、それぞれの熟語《じゅくご》の意味《いみ》をノートに書《か》く。辞書《じしょ》を使《つか》って調《しら》べてもよいです。　**10分以内《ぶんいない》**

← 答《こた》えはP164に

人間《にんげん》の感情《かんじょう》を学《まな》ぼう！

どんな勉強《べんきょう》も他人《たにん》の感情《かんじょう》を想像《そうぞう》できるとより深《ふか》く理解《りかい》できるようになる。そのために必要《ひつよう》なのが「物語力《ものがたりりょく》」

・科目《かもく》・
歴史《れきし》
国語《こくご》
英語《えいご》

みなさんは「物語《ものがたり》」は好《す》きですか？

本《ほん》を読《よ》むことで、感情《かんじょう》を理解《りかい》したり、道徳心《どうとくしん》が身《み》についたり、文学《ぶんがく》や芸術《げいじゅつ》・文化《ぶんか》に対《たい》する知識《ちしき》が得《え》られたり、さまざまな効果《こうか》があるといわれています。

でも僕《ぼく》は、読書《どくしょ》でなくても効果《こうか》があると思《おも》っています。漫画《まんが》やアニメ・ゲームでもいい

ので、ストーリー（物語《ものがたり》）を何度《なんど》も読《よ》むと、いろんな能力《のうりょく》が身《み》につくと思《おも》うのです。

東大生《とうだいせい》も漫画《まんが》やアニメが好《す》きな人《ひと》はとても多《おお》いです。「東大生《とうだいせい》なんてアニメとか見《み》ないでしょ？」と思《おも》う人《ひと》もいるかもしれませんが、そんなことはなくて、みんな普通《ふつう》に「チェンソーマンおもしろいね」「ワンピース読《よ》んだ？　おもしろかったね」という話《はなし》をして楽《たの》しんでいます。

そして東大生《とうだいせい》は、そういう漫画《まんが》やアニメ・ゲームのストーリーを「頭《あたま》を良《よ》くするために」活《い》かしているのです。どんな活《い》かし方《かた》があるのか、ちょっと考《かんが》えてみましょう。

▼東大生《とうだいせい》は漫画《まんが》やアニメ・ゲームのストーリーを使《つか》って勉強《べんきょう》している

まず、感情《かんじょう》を理解《りかい》することができる、というのがひとつの大《おお》きな「物語《ものがたり》」の価値《かち》です。

東大《とうだい》の入試《にゅうし》問題《もんだい》に「他人《たにん》の痛《いた》みは理解《りかい》できない、という意見《いけん》に対《たい》してどう思《おも》うか？　英《えい》語《ご》で答《こた》えなさい」という問題《もんだい》が出題《しゅつだい》されたことがありました。

この問題《もんだい》の解答《かいとう》は、人《ひと》それぞれ。「人間《にんげん》は他人《たにん》の感情《かんじょう》を完全《かんぜん》に理解《りかい》することはできない」と考《かんが》える人《ひと》もいるでしょう。共感《きょうかん》したり想像《そうぞう》したりすることはできても、100パーセント、そのままの感情《かんじょう》を理解《りかい》することは不可能《ふかのう》と言《い》っていい、と。

たとえば、交通事故《こうつうじこ》にあったことのない人《ひと》が、交通事故《こうつうじこ》にあった時《とき》の痛《いた》みを理解《りかい》するのは難《むずか》しいですよね。「超痛《ちょういた》いんだよ、あれ！」と言《い》われても、わからないですよね。なんてったって、体験《たいけん》してないんですから。

同《おな》じように、宇宙《うちゅう》に行《い》ったことがない人《ひと》が、宇宙《うちゅう》に行《い》った人《ひと》の感動《かんどう》を理解《りかい》することはできないでしょう。その感情《かんじょう》を、そのまま再現《さいげん》することは不可能《ふかのう》だと思《おも》います。

しかし、宇宙《うちゅう》に行《い》くまでの過程《かてい》を理解《りかい》した上《うえ》で、宇宙《うちゅう》に行《い》った瞬間《しゅんかん》の気持《きも》ちを「追体験《ついたいけん》」することは可能《かのう》です。

そんなふうに、自分《じぶん》では体感《たいかん》できないことや自分《じぶん》の中《なか》にはない想《おも》いや考《かんが》え方《かた》を、物語《ものがたり》を読《よ》むことで理解《りかい》する。理解《りかい》して、現実世界《げんじつせかい》でも他人《たにん》に対《たい》する想像力《そうぞうりょく》を養《やしな》う。物語《ものがたり》を読《よ》むことでしか培《つちか》われない力《ちから》だと思《おも》います。

「物語《ものがたり》を通《とお》して得《え》られる想像力《そうぞうりょく》」。とても重要《じゅうよう》なものです。これがあると、いろんな場面《ばめん》で勉強《べんきょう》の役《やく》に立《た》つのです。歴史《れきし》の勉強《べんきょう》をしていると、「この時《とき》、なぜこの王様《おうさま》は戦争《せんそう》を始《はじ》めたんだろう?」と考《かんが》えるタイミングがあります。数学《すうがく》の勉強《べんきょう》をしていると、「この数学《すうがく》の公式《こうしき》は、なんで作《つく》られたんだろう?　どういう場面《ばめん》で使《つか》うことが求《もと》められているんだろう?」と考《かんが》えるタイミングもあります。

どんな学問《がくもん》においても、感情《かんじょう》を想像《そうぞう》すれば学問《がくもん》をより深《ふか》めることができるようになるのです。

さらに、いろんな感情《かんじょう》を理解《りかい》する上《うえ》で、物語《ものがたり》は役《やく》に立《た》ちます。

「抑圧《よくあつ》」とはどういう感情《かんじょう》か、みなさんはうまく説明《せつめい》できますか?

「嫉妬《しっと》」って説明《せつめい》するのが難《むずか》しいですよね。「遠慮《えんりょ》」とか「憤怒《ふんぬ》」とか「罪悪感《ざいあくかん》」とか、これらの「感情《かんじょう》」って、なかなか説明《せつめい》できないわけです。

しかし、それを簡単《かんたん》に説明《せつめい》する方法《ほうほう》があります。それが、「物語《ものがたり》」を引用《いんよう》するということです。物語《ものがたり》を読《よ》んで、そこで登場《とうじょう》する感情《かんじょう》を引用《いんよう》すればいいのです。

「抑圧《よくあつ》」なら、『優秀《ゆうしゅう》な兄《あに》を持《も》って常《つね》に兄《あに》と比《くら》べられ、親《おや》から毎日勉強《まいにちべんきょう》させられる弟《おとうと》の気持《きも》ち』のように、物語《ものがたり》の中《なか》で置《お》き換《か》えて説明《せつめい》するのです。わかりやすいし、他人《たにん》にも伝《つた》わりますよね。

逆《ぎゃく》に、物語《ものがたり》を読《よ》んでいないと「優秀《ゆうしゅう》な兄《あに》を持《も》つ弟《おとうと》の気持《きも》ち」はわかりません。言葉《ことば》にできない想《おも》いや感情《かんじょう》を、言葉《ことば》にして簡単《かんたん》に説明《せつめい》できるように、そして理解《りかい》できるものにするために、物語《ものがたり》は必要不可欠《ひつようふかけつ》なわけですね。

他《た》の感情《かんじょう》を説明《せつめい》する時《とき》にもそれを使《つか》うことができます。「抑圧《よくあつ》された民衆《みんしゅう》が～」と無機質《むきしつ》に教科書《きょうかしょ》に書《か》いてあったとしても、「ああ、あの小説《しょうせつ》で出《で》てきたような感情《かんじょう》だな！」と理解《りかい》できます。自分《じぶん》が抑圧《よくあつ》された経験《けいけん》がなかったとしても想像《そうぞう》して実感《じっかん》を持《も》って読《よ》めるのです。これで、より鮮明《せんめい》に民衆《みんしゅう》の想《おも》いが理解《りかい》でき、教科書《きょうかしょ》が楽《たの》しくなるのです。

これらは、漫画《まんが》でもゲームでもドラマでもアニメでも、何《なん》でも同《おな》じことができます。

RPGのゲームをプレイして、強《つよ》すぎる魔王《まおう》の姿《すがた》を見《み》て、「疎外《そがい》」という感情《かんじょう》を理解《りかい》することもできます。

親子《おやこ》が登場《とうじょう》するアニメを見《み》て、親子《おやこ》の関係《かんけい》を考《かんが》えさせられることもあるでしょう。

スポーツ漫画《まんが》を読《よ》んで努力《どりょく》することの意味《いみ》を理解《りかい》することもあるでしょう。

荒唐無稽《こうとうむけい》なファンタジーであっても、学《まな》べることもあります。数百年《すうひゃくねん》生《い》きているような吸血鬼《きゅうけつき》が登場《とうじょう》する作品《さくひん》でも、その人物《じんぶつ》の姿《すがた》を見《み》て「退屈《たいくつ》」というのがどういうことなのか理解《りかい》することもあるでしょう。不老不死《ふろうふし》の人物《じんぶつ》の姿《すがた》を見《み》て、逆説的《ぎゃくせつてき》に「生《い》きる」「死《し》ぬ」ということの価値《かち》を考《かんが》えることもあるわけです。

そうやって、いろんな物語《ものがたり》を読《よ》むことで、見《み》えてくる感情《かんじょう》もあるのです。

僕《ぼく》も昔《むかし》は歴史《れきし》とか国語《こくご》とかすごく苦手《にがて》だったのに、漫画《まんが》を読《よ》むようになってからはだんだんと「あれ？　こういうことかな？」と歴史《れきし》の教科書《きょうかしょ》の文言《もんごん》が理解《りかい》できるようになっていきました。

逆《ぎゃく》に勉強《べんきょう》を教《おし》えている時《とき》にも、「物語《ものがたり》」が不足《ふそく》している子《こ》に勉強《べんきょう》を教《おし》えるのは大変《たいへん》だったりします。「この人《ひと》は、こういう感情《かんじょう》を抱《いだ》いたんだよ」と説明《せつめい》しても、なかなか理解《りかい》してもらえないからです。

勉強《べんきょう》には「想像力《そうぞうりょく》」が必要《ひつよう》になることが多々《たた》あります。僕《ぼく》はその中《なか》でもいちばん難《むずか》しいのが、「他人《たにん》への想像力《そうぞうりょく》」であり「他人《たにん》の感情理解《かんじょうりかい》」なのではないかと思《おも》っています。それを養《やしな》い、体系立《たいけいだ》てて勉強《べんきょう》するためのツールこそが「物語《ものがたり》」なのではないでしょうか。

そんなふうに物語《ものがたり》から学《まな》ぶためには、いろんな物語《ものがたり》を見《み》るといいでしょう。ハッピーエンドでないものでも、いろんな学《まな》びがあります。

『マッチ売《う》りの少女《しょうじょ》』も『人魚姫《にんぎょひめ》』も、悲《かな》しい結末《けつまつ》を迎《むか》えますよね。しかしだからこそ主人公《しゅじんこう》たちの心《こころ》の美《うつく》しさが際立《きわだ》つし、心《こころ》に残《のこ》る作品《さくひん》になります。バッドエンドがいいわけではないですが、ハッピーでないからこそ見《み》えてくるものもあるのだと思《おも》います。

ドラマなどもいいと思《おも》います。普段《ふだん》ドラマを観《み》ない人《ひと》でも、ドラマから得《え》られる考《かん》え方《かた》もあると思《おも》います。

『半沢直樹《はんざわなおき》』を観《み》て、仕事《しごと》に対《たい》する考《かんが》え方《かた》が変《か》わることもあるでしょう。日本《にっぽん》のドラマしか観《み》ないという人《ひと》でも、海外《かいがい》ドラマの独特《どくとく》な設定《せってい》を見《み》て物語《ものがたり》の幅《はば》が広《ひろ》がることもあるでしょう。『ルシファー』というドラマシリーズを観《み》て、神様同士《かみさまどうし》の物語《ものがたり》から逆説的《ぎゃくせつてき》に卑近《ひきん》な親子《おやこ》の関係《かんけい》を考《かんが》えさせられたりすることもあります。

今《いま》まで「食《く》わず嫌《きら》い」をしていた物語《ものがたり》に触《ふ》れてみると、それこそ「脳《のう》の可動域《かどういき》」が広《ひろ》がっていくのです。

▼「物語力《ものがたりりょく》」を鍛《きた》えるトレーニングとは？

「でも、どんなところに注目《ちゅうもく》して読《よ》んだらいいかわからない」という人《ひと》もいるかもしれないので、どう読解《どっかい》すれば頭《あたま》が良《よ》くなるのか、お話《はな》ししておこうと思《おも》います。

結論《けつろん》から言《い》うと、読解力《どっかいりょく》を上《あ》げたいと思《おも》ったら、「ひと言《こと》でこの物語《ものがたり》を説明《せつめい》する能力《のうりょく》」が求《もと》められます。

『桃太郎《ももたろう》』ってどういう物語《ものがたり》かみなさんは説明《せつめい》できますか？

「えーと、おじいさんが山《やま》へ柴刈《しばか》りに行《い》って、おばあさんは川《かわ》に洗濯《せんたく》に行《い》って……」なんて考《かんが》えていても、あんまり意味《いみ》はありません。細《こま》かい部分《ぶぶん》は置《お》いておいて、どういう物語《ものがたり》なのか、ということを説明《せつめい》できるようになる必要《ひつよう》があるのです。

「桃《もも》から生《う》まれた青年《せいねん》が、鬼退治《おにたいじ》に行《い》く話《はなし》」

と説明《せつめい》すれば、とてもシンプルですよね。

そして、この部分《ぶぶん》が明確《めいかく》だと、細《こま》かい部分《ぶぶん》にも説明《せつめい》がついていきます。「桃太郎《ももたろう》は猿《さる》と犬《いぬ》とキジを仲間《なかま》に加《くわ》えた」というのも、「鬼退治《おにたいじ》をするための仲間《なかま》を集《あつ》めた」と言《い》ったほうが、その物語《ものがたり》について深《ふか》い理解《りかい》ができるはずです。

逆《ぎゃく》に、「桃太郎《ももたろう》が仲間《なかま》にしたのは、犬《いぬ》が先《さき》だっけ？　猿《さる》が先《さき》だっけ？」なんて考《かんが》えることには全《まった》く意味《いみ》はありません。それは物語《ものがたり》の枝葉《えだは》の部分《ぶぶん》で、そういうところを気《き》にしていても、あまり物語《ものがたり》を早《はや》く読《よ》んだりできませんし、物語《ものがたり》の本筋《ほんすじ》を捉《とら》えられなくなってしまいます。

だからこそ重要《じゅうよう》なのは、「これはどういう物語《ものがたり》なのか」ということをひと言《こと》で説明《せつめい》できるようにして、話《はなし》の本筋《ほんすじ》をつかむこと。物語《ものがたり》を要約《ようやく》する力《ちから》を身《み》につけることです。

実《じつ》は古今東西《ここんとうざい》、昔《むかし》から頭《あたま》の良《よ》さを測《はか》る指標《しひょう》というのは「要約力《ようやくりょく》」だと言《い》われてきました。

みなさんも国語《こくご》の問題《もんだい》などで「この文章《ぶんしょう》を言《い》いまとめている選択肢《せんたくし》を1つ選《えら》びなさい」とか「次《つぎ》の文章《ぶんしょう》を要約《ようやく》しなさい」という問題《もんだい》を見《み》たことがありますよね？　これは小学生《しょうがくせい》のテストでも東大《とうだい》の入試《にゅうし》でも出題《しゅつだい》されている非常《ひじょう》にポピュラーな問題《もんだい》です。

東大《とうだい》は国語《こくご》以外《いがい》にも「この日本史《にほんし》の資料《しりょう》を要約《ようやく》しなさい」「17世紀《せいき》の世界《せかい》について要約《ようやく》しなさい」「この時代《じだい》のイギリスの外交《がいこう》について要約《ようやく》しなさい」といった要約力《ようやくりょく》を問《と》う問題《もんだい》を多《おお》く出題《しゅつだい》しています。

「要約力《ようやくりょく》」＝「頭《あたま》の良《よ》さを測《はか》る指標《しひょう》」という考《かんが》え方《かた》は、広《ひろ》く浸透《しんとう》しているものなのです。

▼物語力《ものがたりりょく》が磨《みが》かれると情報《じょうほう》の取捨選択《しゅしゃせんたく》ができるようになる

でも一体《いったい》なぜ要約力《ようやくりょく》が頭《あたま》の良《よ》さを測《はか》る指標《しひょう》なのでしょうか？　それは、要約《ようやく》というのが「情報《じょうほう》の取捨選択《しゅしゃせんたく》」をする行為《こうい》だからです。

みなさんが、厚《あつ》みのある本《ほん》を読《よ》んだとします。何百《なんびゃく》ページにもなるその本《ほん》の内容《ないよう》を、すべて覚《おぼ》えていることはできるでしょうか？　たぶん、不可能《ふかのう》ですよね。これは東大生《とうだいせい》であっても同《おな》じです。「記憶力《きおくりょく》は、クローゼットが大《おお》きいことではない」という話《はなし》があるように、こんなことは誰《だれ》にもできないわけです。

でも、東大生《とうだいせい》は事実《じじつ》として、何百《なんびゃく》ページにも及ぶ教科書《きょうかしょ》の内容《ないよう》を覚《おぼ》え、何千《なんぜん》ページもの論文《ろんぶん》を読《よ》んで研究《けんきゅう》を行《おこな》っています。一体《いったい》なぜ、こんなことが可能《かのう》なのでしょうか？

その答《こた》えこそが、要約力《ようやくりょく》なのです。「ここのところが大切《たいせつ》なんだな」というポイントを理解《りかい》し、その点《てん》だけをピンポイントで覚《おぼ》えているからこそ、何百《なんびゃく》ページもの本《ほん》の内容《ないよう》を覚《おぼ》えていることができるのです。

要《よう》は、無意識《むいしき》のうちに重要《じゅうよう》なところにラインマーカーを引《ひ》く能力《のうりょく》が高《たか》いのです。

そしてこの能力《のうりょく》をいつ身《み》につけたのかといえば、やはり物語《ものがたり》を読《よ》んで、要約《ようやく》する訓練《くんれん》を小《ちい》さい時《とき》から積《つ》んできたからなのです。意識的《いしきてき》か無意識的《むいしきてき》か、短《みじか》く言《い》いまとめるとどうなるか、話《はなし》の本筋《ほんすじ》はどこにあるのか、探《さが》しながら読《よ》む癖《くせ》がついているからこそ、要約力《ようやくりょく》が身《み》についているのです。

ということで、物語力《ものがたりりょく》をつけて、想像《そうぞう》する力《ちから》を身《み》につけることと、要約《ようやく》する力《ちから》を身《み》につけることをしていきましょう！

次《つぎ》のページでは脳《のう》の可動域《かどういき》が広《ひろ》がるような物語《ものがたり》の読《よ》み方《かた》をいくつかご紹介《しょうかい》します！

物語力《ものがたりりょく》の鍛《きた》え方《かた》

＼ START ／

1

物語《ものがたり》を１つ読《よ》む
小説《しょうせつ》でもマンガでもゲームでも
テレビドラマでも何《なん》でもOK

例《れい》『アリとキリギリス』

2

その物語《ものがたり》がハッピーエンドだったか、
バッドエンドだったか考《かんが》える

例《れい》ハッピーエンド

2の理由《りゆう》を考《かんが》える

例《れい》アリもキリギリスも自《じ》分《ぶん》らしく生《い》きたから

3

4

自分《じぶん》が、その物語《ものがたり》に出《で》てくる誰《だれ》になりたいか考《かんが》える

例《れい》 キリギリス

5

4の理由《りゆう》を考《かんが》える

例《れい》 好《す》きなことをして人生《じんせい》を楽《たの》しみたいから

6 \ GOAL /

その物語《ものがたり》の続《つづ》きを考《かんが》えてみる

例《れい》 夏《なつ》の終《お》わりにキリギリスは葉《は》っぱを集《あつ》め、分厚《ぶあつ》いコートを作《つく》りました。冬《ふゆ》になると夏《なつ》の終《お》わりに作《つく》ったコートを着《き》てバイオリンを奏《かな》でました。コートは分厚《ぶあつ》くてとてもポカポカでした。

物語力《ものがたりりょく》

レッスン

物語《ものがたり》の深読《ふかよ》みに挑戦《ちょうせん》！

1 『マッチ売《う》りの少女《しょうじょ》』を読《よ》んで、次《つぎ》のことを考《かんが》えよう。考《かんが》えたら、おうちの人《ひと》に話《はな》してみよう！

15分以内《ふんいない》

❶この物語《ものがたり》は、ハッピーエンドかバッドエンドか選《えら》んでみよう！　選《えら》んだ理由《りゆう》も答《こた》えてください。

例《れい》 ハッピーエンド　少女自身《しょうじょじしん》は、幸《しあわ》せな状態《じょうたい》で死《し》んでいったから。

---

❷この物語《ものがたり》が、なぜ「マッチ」を題材《だいざい》にしているか考《かんが》えよう！　マッチ以外《いがい》のものでもいいのに、なぜマッチだったのか？

例《れい》 暗闇《くらやみ》の中《なか》で少女《しょうじょ》が包まれる描写《びょうしゃ》を描《えが》くために「明《あ》かり」をともしてくれるマッチを題材《だいざい》にした。など

---

❸もしあなたがこの物語《ものがたり》を書《か》き換《か》えたり、続《つづ》きを考《かんが》えたりするなら、どんな物語《ものがたり》にする？

例《れい》 マッチを売《う》っている最中《さいちゅう》に親切《しんせつ》な人《ひと》に出会《であ》い、裕福《ゆうふく》な家庭《かてい》へ養子《ようし》として引《ひ》き取《と》られる。など

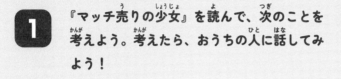

＊ノートに書《か》き出《だ》してね。コピーしたものをノートに貼《は》ってもいいよ。

2 『人魚姫《にんぎょひめ》』を読《よ》んで、次《つぎ》のことを考《かんが》えよう。考《かんが》えたら、おうちの人《ひと》に話《はな》してみよう！

15 分以内《ふんいない》

❶この物語《ものがたり》は、ハッピーエンドかバッドエンドか選《えら》んでみよう！　選《えら》んだ理由《りゆう》も答《こた》えてください。

例《れい》 バッドエンド　王子様《おうじさま》が別《べつ》の人《ひと》とくっついたから！

❷この物語《ものがたり》の登場人物《とうじょうじんぶつ》に言《い》いたいことは何《なに》？

例《れい》 人魚姫《にんぎょひめ》、お前《まえ》もうちょっと自分《じぶん》の幸《しあわ》せに貪欲《どんよく》になっていいでしょ!! など

❸もしあなたがこの物語《ものがたり》を書《か》き換《か》えたり、続《つづ》きを考《かんが》えたりするなら、どんな物語《ものがたり》にする？

例《れい》 優《やさ》しい魔女《まじょ》が現《あらわ》れ、人魚《にんぎょ》に戻《もど》れるように魔法《まほう》をかけてくれる！など

物語《ものがたり》の深読《ふかよ》みに挑戦《ちょうせん》！

3 「幸《しあわ》せ」を考《かんが》えよう。考《かんが》えたら、おうちの人《ひと》に話《はな》してみよう！

15
分以内《ふんいない》

❶あなたが考《かんが》える「この物語《ものがたり》の主人公《しゅじんこう》／登場人物《とうじょうじんぶつ》は幸《しあわ》せ！」な人《ひと》を教《おし》えてください。

例《れい》 シンデレラ

理由《りゆう》　最初《さいしょ》は苦《くる》しかったけど、最後《さいご》は幸《しあわ》せになった！

---

❷あなたがこの物語《ものがたり》の登場人物《とうじょうじんぶつ》になりたい！と思《おも》う人《ひと》を教《おし》えてください。

例《れい》 シンデレラ

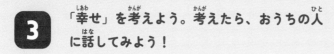

＊ノートに書《か》き出《だ》してね。コピーしたものをノートに貼《は》ってもいいよ。

4 物語《ものがたり》の型《かた》を学《まな》ぼう！

15分以内《ふんいない》

物語《ものがたり》には、7つの型《かた》があるといわれています。当《あ》てはまりそうな物語《ものがたり》を知《し》っていれば思《おも》いつくだけ書《か》いてください。

❶
ブッカーの喜劇《きげき》

厳《きび》しい状況《じょうきょう》から徐々《じょじょ》に幸《しあわ》せに向《む》かっていく。

例《れい》『わらしべ長者《ちょうじゃ》』などのように、最初《さいしょ》は貧乏《びんぼう》だったけれど、どんどんお金持《かねも》ちになり幸《しあわ》せになっていく物語《ものがたり》。

❷
ブッカーの悲劇《ひげき》

主人公《しゅじんこう》の葛藤《かっとう》や欠点《けってん》がストーリーの主軸《しゅじく》となり、最後《さいご》には希望《きぼう》があるけれど、そこまでの過程《かてい》は大変《たいへん》。

例《れい》『ドラえもん』の映画《えいが》のように、ジャイアンが自分《じぶん》の性格《せいかく》の悪《わる》いところを受《う》け入《い》れて、強《つよ》さに変《か》える物語《ものがたり》。

物語《ものがたり》の深読《ふかよ》みに挑戦《ちょうせん》！

❸ シンデレラストーリー

苦難《くなん》と成功《せいこう》の間《あいだ》に
大《おお》きな動《うご》きがある。

例《れい》『シンデレラ』のように、最初《さいしょ》の悲《かな》しい状況《じょうきょう》からトップまで上《のぼ》り詰《つ》めるようなストーリー。

❹ 再生型《さいせいがた》・逆《ぎゃく》シンデレラストーリー

主人公《しゅじんこう》が変化《へんか》を経験《けいけん》し、
生《う》まれ変《か》わる。

例《れい》漫画《まんが》『デスノート』のように、何《なに》かのきっかけで主人公《しゅじんこう》が大《おお》きく変《か》わっていくストーリー。

❺ 旅《たび》と帰還《きかん》

主人公《しゅじんこう》は異《こと》なる世界《せかい》に
直面《ちょくめん》、試練《しれん》を経験《けいけん》。
克服《こくふく》して戻《もど》ってくる。

例《れい》『ナルニア国物語《こくものがたり》』のように、最初《さいしょ》は異世界《いせかい》に困惑《こんわく》しつつ、そこで自分《じぶん》の問題《もんだい》を克服《こくふく》して帰《かえ》ってくるストーリー。

＊ノートに書《か》き出《だ》してね。コピーしたものをノートに貼《は》ってもいいよ。

❻

探求型《たんきゅうがた》

何《なに》かを探《さが》し求《もと》めて冒険《ぼうけん》する。
未知《みち》なる場所《ばしょ》で
モンスターと戦《たたか》い、希望《きぼう》は
打《う》ち砕《くだ》かれ冒険《ぼうけん》を終《お》える。

例《れい》『青《あお》い鳥《とり》』のように、何《なん》かを探《さが》すけれど、それが手《て》に入《はい》らない。だけどそれで幸《しあわ》せ！というようなストーリー。

❼

モンスター退治《たいじ》

ヒーローと悪役《あくやく》が登場《とうじょう》。
主人公《しゅじんこう》が立《た》ち向《む》かい
平和《へいわ》を取《と》り戻《もど》す。

例《れい》仮面《かめん》ライダーとか戦隊《せんたい》モノなど。

93ページ　レッスン４の答《こた》え

どの問題《もんだい》も答《こた》えは物語《ものがたり》の分《ぶん》だけ無数《むすう》にあります。自分《じぶん》で考《かんが》えた答《こた》えをおうちの人《ひと》に話《はな》してみよう。違《ちが》う意見《いけん》があれば、なぜそう考《かんが》えたのか、話《はな》してみてね！　物語力《ものがたりりょく》がより深《ふか》く身《み》につきますよ。

❶ブッカーの喜劇《きげき》

・映画《えいが》『ラララランド』など　・ディズニー映画《えいが》『アラジン』など

❷ブッカーの悲劇《ひげき》

・『エヴァンゲリオン』をはじめとする、セカイ系《けい》と呼《よ》ばれるようなジャンルの作品《さくひん》　・クレヨンしんちゃんの「ロボとーちゃん」・漫画《まんが》『聲《こえ》の形《かたち》』のように、主人公《しゅじんこう》たちの足《た》りないところが主題《しゅだい》になっている作品《さくひん》　・昔話《むかしばなし》『さるかに合戦《かっせん》』

❸シンデレラストーリー

・池井戸潤《いけいどじゅん》『半沢直樹《はんざわなおき》』などの逆転《ぎゃくてん》ドラマ・童話《どうわ》『醜《みにく》いアヒルの子《こ》』など

❹再生型《さいせいがた》・逆《ぎゃく》シンデレラストーリー

・漫画《まんが》『カイジ』のように、逆境《ぎゃっきょう》に置《お》かれていろんな経験《けいけん》をしていく物語《ものがたり》　・天才《てんさい》が出《で》てくるスポーツ漫画《まんが》など。『タッチ』や『ダイヤのＡ《エース》』や『メジャー』など、天才《てんさい》の苦悩《くのう》が登場《とうじょう》するストーリー

❺旅《たび》と帰還《きかん》

・童話《どうわ》『不思議《ふしぎ》の国《くに》のアリス』　・宮部《みやべ》みゆき『ブレイブ・ストーリー』

❻探求型《たんきゅうがた》

・『ONE PIECE』　・童話《どうわ》『雪《ゆき》の女王《じょおう》』や『オズの魔法使《まほうつか》い』のような旅《たび》がテーマの物語《ものがたり》

❼モンスター退治《たいじ》

・童話《どうわ》『桃太郎《ももたろう》』や、日本神話《にほんしんわ》のヤマタノオロチを退治《たいじ》する話《はなし》のような冒険《ぼうけん》ストーリー

物語力《ものがたりりょく》レッスンの答《こた》え

90ページ　レッスン１、２、３の答《こた》え

１、２、３の問題《もんだい》それぞれをどんなふうに考《かんが》えたかな？　おうちの人《ひと》と話《はな》してみよう。おうちの人《ひと》の考《かんが》えも聞《き》いてみよう。

数字《すうじ》と仲良《なかよ》くなろう！

東大入試《とうだいにゅうし》では500回《かい》以上《いじょう》の四則演算《しそくえんざん》を行《おこな》う。1回《かい》でも計算《けいさん》ミスをするとすべてがパーに。だからこそ、計算力《けいさんりょく》は徹底的《てっていてき》に身《み》につけてほしい

・科目《かもく》・
算数《さんすう》

さて、4章《しょう》では算数《さんすう》や数学《すうがく》、理系《りけい》の学問《がくもん》の基礎《きそ》となる「計算力《けいさんりょく》」についてみなさんと考《かんが》えていきたいと思《おも》います。

みなさんは、算数《さんすう》は得意《とくい》ですか？　そして、計算《けいさん》は速《はや》いほうですか？

人《ひと》によってこの質問《しつもん》に対《たい》する回答《かいとう》はまちまちでしょう。

しかし、実《じつ》は1つおもしろい話《はなし》があります。算数《さんすう》が苦手《にがて》な人《ひと》はみんな、計算《けいさん》も遅《おそ》い場合《ばあい》が圧倒的《あっとうてき》に多《おお》いのです。反対《はんたい》に「計算《けいさん》が遅《おそ》いけれど算数《さんすう》が得意《とくい》な人《ひと》」なんてほぼ存在《そんざい》しないと言《い》っていいのです。

要《よう》するに、計算力《けいさんりょく》がないと算数《さんすう》は苦手《にがて》なままになってしまう、ということなのです。

たとえばみなさんが「18」という数字《すうじ》を見《み》て「2×9と、3×6だな」とパッと思《おも》いつくならば、その後《あと》で習《なら》う分数《ぶんすう》も楽々通過《らくらくつうか》できますし、小数《しょうすう》の計算《けいさん》でも苦労《くろう》しなくなります。さらに中学校《ちゅうがっこう》で学習《がくしゅう》する因数分解《いんすうぶんかい》の勉強《べんきょう》も、その後《あと》の図形問題《ずけいもんだい》も、うまく数《かず》を操《あやつ》って勉強《べんきょう》することができるようになるのです。

小学校低学年《しょうがっこうていがくねん》のころの計算問題《けいさんもんだい》を、「がんばればなんとかできる」という程度《ていど》で済《す》ませて高学年《こうがくねん》に進《すす》んでしまうと、算数《さんすう》や数学《すうがく》の問題《もんだい》を解《と》くのがどんどんつらくなっていき、結局伸《けっきょくの》び悩《なや》んでしまうのです。

ちなみに、東大入試《とうだいにゅうし》における数学《すうがく》の制限時間《せいげんじかん》120分《ぷん》の中《なか》で、受験生《じゅけんせい》がどれくらいの回《かい》数《すう》の計算《けいさん》をするかご存《ぞん》じですか？

調《しら》べてみたところ、なんと５００回以上《かいいじょう》は四則演算《しそくえんざん》（足《た》し算《ざん》・引《ひ》き算《ざん》・掛《か》け算《ざん》・割《わ》り算《ざん》のこと）を行《おこな》っています。このうちの1回《かい》でもミスをしたらすべてが「パー」になってしまいます。だから、パーにならないようにするためには「すべての計算《けいさん》をしっかりと高《たか》い精度《せいど》でできるように」ならないといけないのです。

どんな数学《すうがく》の問題《もんだい》でも「数《かず》」は根本《こんぽん》に存在《そんざい》します。だからこそ、「正確《せいかく》で速《はや》い計算力《けいさんりょく》」を身《み》につけるというのは、数学《すうがく》のすべての基礎《きそ》になる、スポーツでいうところの基礎体力《きそたいりょく》のようなものなのです。

▼「数《かず》の暗黙知《あんもくち》」を身《み》につけよう！

この差《さ》を生《う》んでいるのが「数《かず》の暗黙知《あんもくち》」と呼《よ》ばれる概念《がいねん》であることはさまざまな教育学《きょういくがく》者《しゃ》によって指摘《してき》されています。

突然《とつぜん》ですがみなさんは、自転車《じてんしゃ》には乗《の》れますか？

「乗《の》れる！」という人《ひと》は多《おお》いのかなと思《おも》うのですが、自転車《じてんしゃ》って1回《かい》乗《の》れるようになったら後《あと》からその練習《れんしゅう》をする必要《ひつよう》ってありませんよね。

「なぜ自転車《じてんしゃ》に乗《の》れるのか」「どう自転車《じてんしゃ》に乗《の》ればいいのか」ということが理屈《りくつ》でわかっているわけではないのにもかかわらず、一度身体《いちどからだ》が覚《おぼ》えると、そのあとの人生《じんせい》でもずっと、同《おな》じように乗《の》れるようになっているわけですね。

乗《の》り方《かた》を説明《せつめい》できるわけでもないし、なぜ乗《の》れるのかもわからない。でも身体《からだ》が覚《おぼ》えていて、それによって一度忘《いちどわす》れてもすぐに思《おも》い出《だ》すことができる。これが「暗黙知《あんもくち》」と言《い》われるものです。「説明《せつめい》できないけれどできてしまう力《ちから》」と言《い》い換《か》えてもいいかもしれませんね。

この「暗黙知《あんもくち》」が、算数《さんすう》の問題《もんだい》を解《と》く上《うえ》で重要《じゅうよう》になってくるのです。

九九《くく》なんて、「なぜ6×7が42なのか」というのがわかっていなくても「ろくいちがろく」「ろくにじゅうに」「ろくさんじゅうはち」……「ろくしちよんじゅうに」と答《こた》えられるはずです。そしてその後《あと》の人生《じんせい》でずっと忘《わす》れないでいますよね。

自転車《じてんしゃ》の乗《の》り方《かた》がわからなくても身体《からだ》が覚《おぼ》えているのと同《おな》じで、計算《けいさん》は「身体《からだ》で理解《りかい》している状態《じょうたい》」になれるわけです。だから、パッと見《み》ただけで答《こた》えが出《で》るのです。

この「数《かず》の暗黙知《あんもくち》」が強《つよ》くないと、算数《さんすう》や計算《けいさん》の能力《のうりょく》は伸《の》び悩《なや》むことがとても多《おお》い。東《とう》大生《だいせい》は、数《かず》の暗黙知《あんもくち》が「広《ひろ》く」身《み》についている場合《ばあい》が多《おお》いのです。

たとえば、216という数《かず》を見《み》て、「6の三乗《さんじょう》だ！」とすぐに思《おも》いつきますか？

2021という数字《すうじ》を見《み》て、「あ、素数《そすう》じゃなくて43×47だな」と思《おも》いつきますか？

東大生《とうだいせい》は「7×8」と言《い》われて「56！」と答《こた》えるのと同《おな》じように、「6×6×6」と言《い》われて「216」と答《こた》えられるのです。

▼数《かず》に対《たい》する意識《いしき》を持《も》とう！

こんなエピソードを知《し》っているでしょうか？

あるとき数学者《すうがくしゃ》のラマヌジャンが、友人《ゆうじん》のお見舞《みま》いにいった時《とき》のこと。友人《ゆうじん》が次《つぎ》のように言《い》いました。

「前《まえ》のタクシーのナンバープレートは1729だね。なんの変哲《へんてつ》もない数《かず》だ」

それに対《たい》してラマヌジャンは、

「いやいや、1729は特別《とくべつ》な数字《すうじ》だよ。2つの立方数《りっぽうすう》の和《わ》としてn通《とお》りに表《あらわ》せる最小《さいしょう》の数《かず》（$1729=1^3+12^3=9^3+10^3$）だ」

と答《こた》えたのでした。

このことから、「1729」などの2つの立方数《りっぽうすう》の和《わ》としてn通《とお》りに表《あらわ》せる数字《すうじ》のことを「タクシー数《すう》」と呼《よ》ぶことになったのです。

同《おな》じように、同《おな》じものを見《み》ていたとしても、暗黙知《あんもくち》の違《ちが》いによって得《え》られるものは変《か》わってきます。

「12」という数字《すうじ》を見《み》て、みなさんはどう思《おも》いますか？

別《べつ》に何《なに》も思《おも》わない、という人《ひと》も多《おお》いかもしれませんが、12ってかなり特別《とくべつ》な数《かず》で、世《よ》の中《なか》にたくさんの「12」があります。1年《ねん》は12か月《げつ》で、半日《はんにち》は12時間《じかん》。星座《せいざ》も12星座《せいざ》で、1ダースは12です。さまざまなところで12という数字《すうじ》が使《つか》われているのがわかります。

なぜかというと、12は2×2×3でできていて、約数《やくすう》が非常《ひじょう》に多《おお》い数《かず》だからなんです。

2でも3でも4でも6でも割《わ》り切《き》れるから、12個《こ》のりんごがあったとしても、2人《ふたり》でも3人《にん》でも4人《にん》でも6人《にん》でも割《わ》り切《き》れる。逆《ぎゃく》に10個《こ》だったら3人《にん》や4人《にん》では割《わ》り切《き》れず、3人兄弟《にんきょうだい》だったら喧嘩《けんか》になってしまいますよね。

だから12はいろんなところで使《つか》われる特別《とくべつ》な数《かず》で、その次《つぎ》の「13」という数字《すうじ》は素数《そすう》であり、争《あらそ》いを生《う》む不吉《ふきつ》な数《かず》であると認識《にんしき》されているのです。

だからこそ重要《じゅうよう》なのは、「数《かず》」をいろんな形《かたち》で分解《ぶんかい》したり、組《く》み合《あ》わせたりする「遊《あそ》び」です。

メイク10と呼《よ》ばれるゲームを知《し》っていますか？　これは、４つの数字《すうじ》に対《たい》して、四則演算《しそくえんざん》を使《つか》って、10を作《つく》るというゲームです。１、２、３、４なら、（４×３−２）×１で10となります。

実際《じっさい》、東大生《とうだいせい》の多《おお》くは、４つの数字《すうじ》を見《み》つけるとこのメイク10をやっていたと語《かた》ります。今日《きょう》が11月《がつ》25日《にち》なら１１２５で、今《いま》が24分《ふん》35秒《びょう》なら２４３５で、自分《じぶん》が今乗《いまの》っている車《くるま》のナンバーが１１３４ならこの４つの数字《すうじ》で。とにかくいろんな数《かず》でメイク10をやっていたそうです。

こういうところから、数字《すうじ》に対《たい》する理解《りかい》を深《ふか》めていたから、東大生《とうだいせい》は計算《けいさん》が速《はや》いのです。

因数分解《いんすうぶんかい》ゲームというのもおすすめです。これは、１つの数《かず》を素数《そすう》の掛《か》け算《ざん》に分解《ぶんかい》することを指《さ》します。素数《そすう》とはこれ以上分解《いじょうぶんかい》できない数字《すうじ》のことです。

７２９というのは何《なん》の変哲《へんてつ》もない数字《すうじ》に見《み》えるかもしれませんが、実《じつ》は３×３×３×３×３×３と分解《ぶんかい》することができます。

逆《ぎゃく》に、97は分解《ぶんかい》ができず、１×97がただひとつの掛《か》け算《ざん》になります。

このようにして、１つの数《かず》をいちばん速《はや》く因数分解《いんすうぶんかい》できた人《ひと》の勝《か》ちというのが因数分解《いんすうぶんかい》ゲームです。これらのゲームを普段《ふだん》からやってきたからこそ、計算力《けいさんりょく》が身《み》について東大《とうだい》の５００回以上計算《かいいじょうけいさん》する入試問題《にゅうしもんだい》に対応《たいおう》できたというわけですね。

ということで、実際《じっさい》に数《かず》を使《つか》ったゲームを実践《じっせん》してみましょう！

料理の暗黙知

かんたんよ〜
今日はトマトと鶏肉の煮込みです
ない人
ある人
ええっと…ポタポタって大さじいくつだろう？
オリーブオイルはポタポタポタポタポタ〜っと回しかけて
なるほど！
トロトロになるまでって何分？
グツグツさせてって強火？弱火？
トロトロになるまでグツグツさせて
グツ
グツ
先はまだ長い…
ポタポタって大さじ何杯？
ポタポタポタポター だよ
トロトロになるまでって何分？
お肉がやわらかくなるまで
だから何分？
完成！
うまっ

計算力《けいさんりょく》 レッスン

四則演算《しそくえんざん》に挑戦《ちょうせん》！

1 まずは4つのランダムな数字《すうじ》を用《もち》いて、10を作《つく》る方法《ほうほう》を探《さが》す「メイク10」をやってみましょう！

15 分以内《ふんいない》

例《れい》 $\boxed{1}\ \boxed{1}\ \boxed{2}\ \boxed{3}$

答《こた》え

$$(\boxed{1}+\boxed{2})\times\boxed{3}+\boxed{1}=10$$

$$(\boxed{1}+\boxed{1})\times(\boxed{2}+\boxed{3})=10$$

など

＊ノートに書《か》き出《だ》してね。コピーしたものをノートに貼《は》ってもいいよ。

◆

❶ 2 2 3 3 を1つ答《こた》えて！

答《こた》え ＿＿＿＿＿＿＿＿＿＿

❷ 1 2 2 4 を1つ答《こた》えて！

答《こた》え ＿＿＿＿＿＿＿＿＿＿

＿＿＿＿＿＿＿＿＿＿

＿＿＿＿＿＿＿＿＿＿

❸ 1 2 6 8 を1つ答《こた》えて！

答《こた》え ＿＿＿＿＿＿＿＿＿＿

＿＿＿＿＿＿＿＿＿＿

＿＿＿＿＿＿＿＿＿＿

❹ 2 5 7 9 を1つ答《こた》えて！

答《こた》え ＿＿＿＿＿＿＿＿＿＿

❺ 6 7 8 8 を1つ答《こた》えて！

答《こた》え ＿＿＿＿＿＿＿＿＿＿

❻ 1 1 9 9 を1つ答《こた》えて！

答《こた》え ＿＿＿＿＿＿＿＿＿＿

←答《こた》えは161ページ

四則演算《しそくえんざん》に挑戦《ちょうせん》！

2

①左《ひだり》の数字《すうじ》になるように●と▲に当《あ》てはまる数《すう》を、それぞれ枠《わく》の数《かず》だけ考《かんが》えましょう。
②●と▲の数《すう》がわかったら、右側《みぎがわ》の〔●＋▲〕と〔●－▲〕の計算《けいさん》をしましょう。

15 分以内《ふんいない》

❶

①　②

	●		▲		●＋▲	●－▲
40 ＝	例《れい》 40	×	1	→	41	39
		×		→		
		×		→		
		×		→		

❷

①　②

	●		▲		●＋▲	●－▲
30 ＝		×		→		
		×		→		
		×		→		
		×		→		

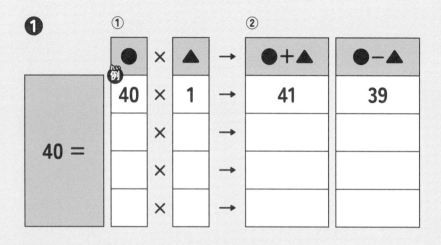

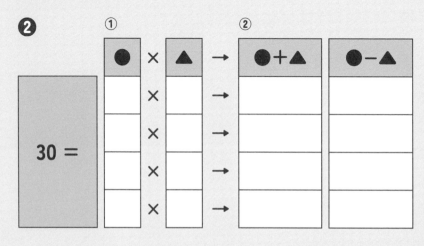

＊ノートに書《か》き出《だ》してね。コピーしたものをノートに貼《は》ってもいいよ。

❸

27 ＝

① ●	×	▲	→	② ●＋▲	●－▲
	×		→		
	×		→		

❹

25 ＝

① ●	×	▲	→	② ●＋▲	●－▲
	×		→		
	×		→		

←答《こた》えは161ページ

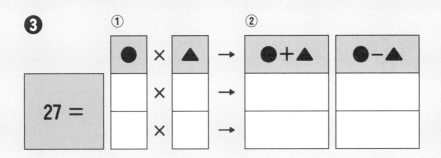

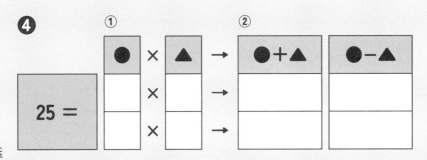

四則演算《しそくえんざん》に挑戦《ちょうせん》！

❺

	①				②	
	●	×	▲	→	●＋▲	●−▲
45 ＝		×		→		
		×		→		
		×		→		

❻

	①				②	
	●	×	▲	→	●＋▲	●−▲
50 ＝		×		→		
		×		→		
		×		→		

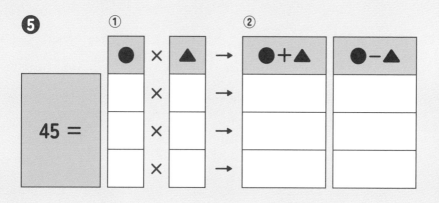

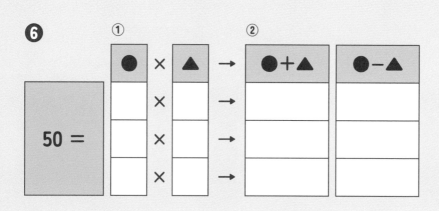

＊ノートに書《か》き出《だ》してね。コピーしたものをノートに貼《は》ってもいいよ。

◆

❼

	① ●		▲		② ●+▲	●−▲
60 ＝		×		→		
		×		→		
		×		→		
		×		→		

❽

	① ●		▲		② ●+▲	●−▲
80 ＝		×		→		
		×		→		
		×		→		
		×		→		

←答《こた》えは161ページ

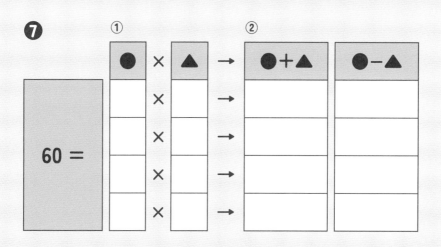

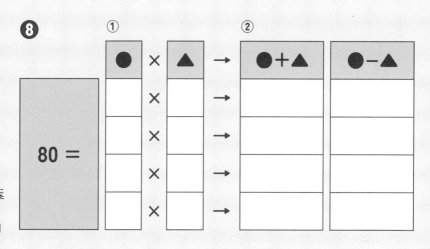

計算力《けいさんりょく》
レッスン

四則演算《しそくえんざん》に挑戦《ちょうせん》！

15
分以内《ふんいない》

3 それぞれの枠《わく》の中《なか》には０でない整数《せいすう》のどれかが入《はい》ります。ただし、たて・横《よこ》の並《なら》びには同《おな》じ数《すう》は入《はい》りません。枠《わく》の外《そと》の数《すう》は矢印《やじるし》の先《さき》にある□に入《はい》る合計《ごうけい》を示《しめ》しています。答《こた》えが何《なん》通《とお》りかある問題《もんだい》もありますよ！

❶

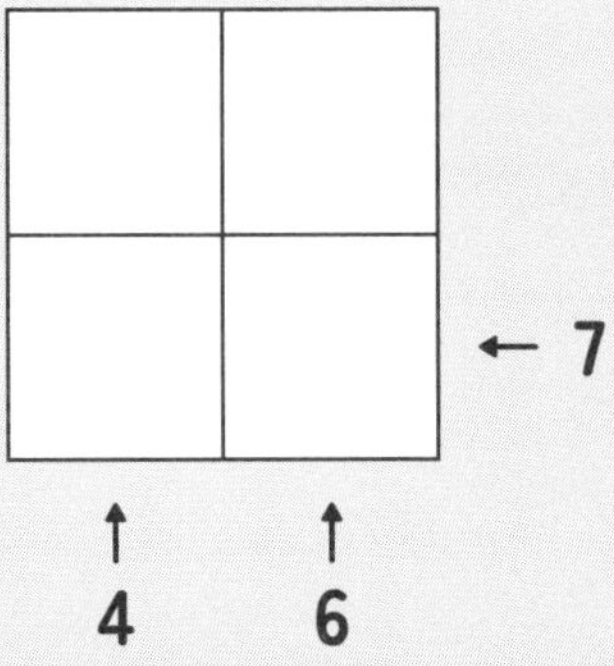

❷

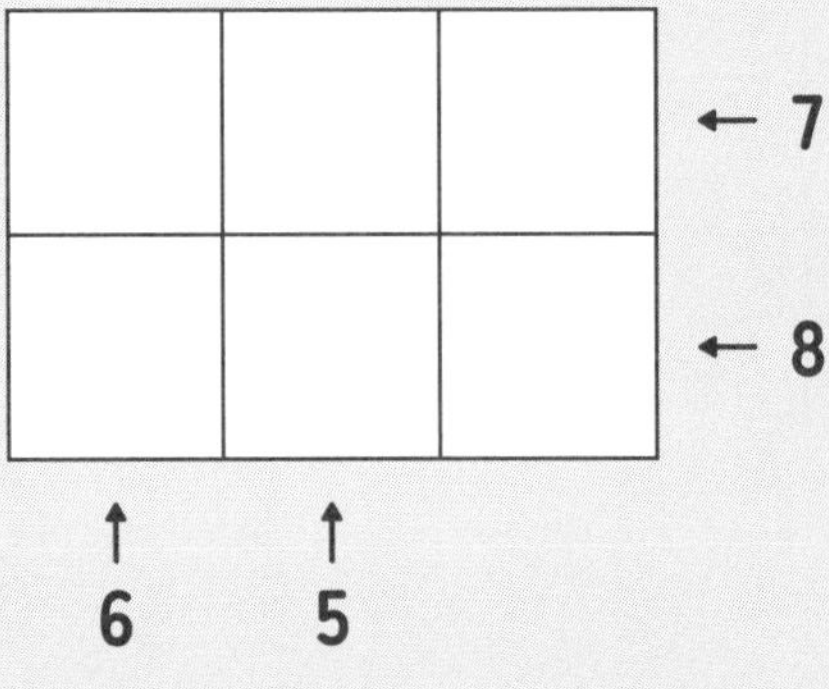

＊ノートに書《か》き出《だ》してね。コピーしたものをノートに貼《は》ってもいいよ。

❸

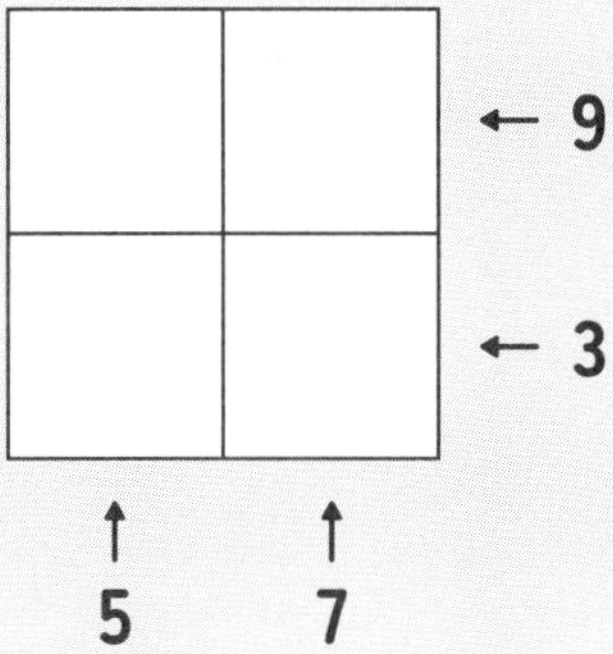

❹

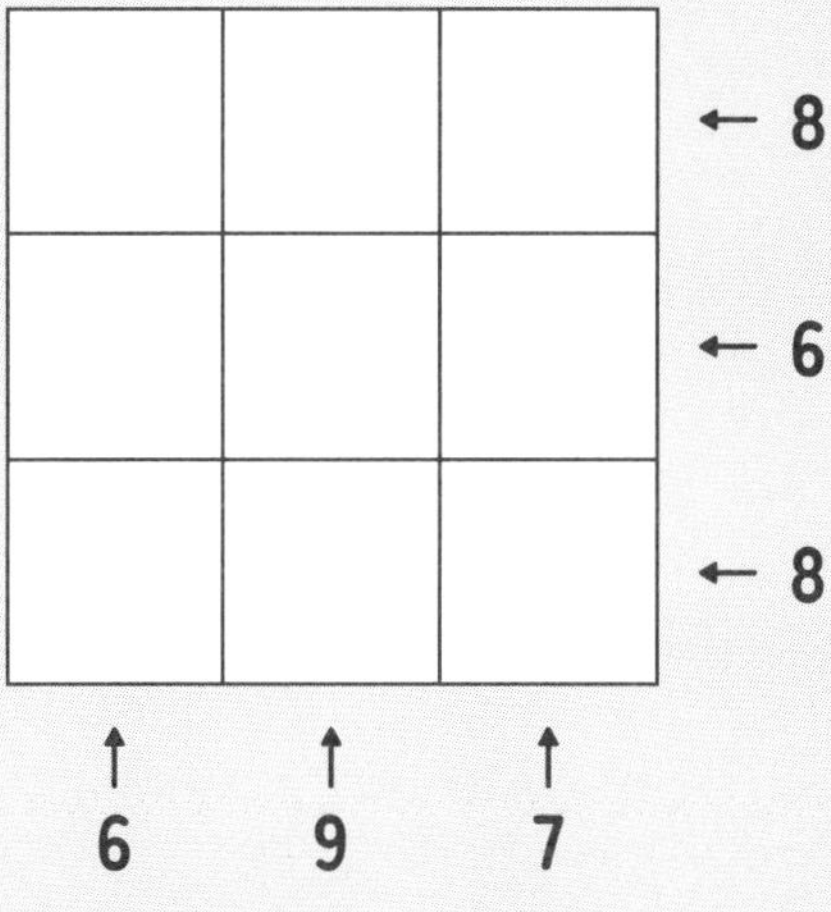

←答《こた》えは160ページ

非《ひ》認《にん》知《ち》能《のう》力《りょく》に必《ひつ》要《よう》な脳《のう》の可《か》動《どう》域《いき》を広《ひろ》げる力《ちから》

日々《ひび》の経験《けいけん》が
思考力《しこうりょく》の基《もと》になる

体験力《たいけんりょく》 ➡ 118ページ

ある日突然《ひとつぜん》
飛躍《ひやく》できるようになる

反省力《はんせいりょく》 ➡ 140ページ

日々《ひび》の経験《けいけん》を糧《かて》にしよう！

自分《じぶん》がどんな一日《いちにち》を過《す》ごしたのかを具体的《ぐたいてき》に説明《せつめい》できるようになると、「体験力《たいけんりょく》」が育《はぐく》まれ、いつの間《ま》にかに「考《かんが》える力《ちから》」が身《み》につきます

みなさんは、昨日《きのう》どんな体験《たいけん》をしましたか？　何《なに》か心《こころ》に残《のこ》るような出来事《できごと》はあったでしょうか。それとも、もしかすると特《とく》に何《なん》も印象《いんしょう》に残《のこ》らないような、つまらない一日《いちにち》だったのでしょうか。

この続《つづ》きを読《よ》む前《まえ》に、一度《いちど》親子《おやこ》で考《かんが》えてみましょう。そして、自分《じぶん》がどんな体験《たいけん》をした

のか、お互《たが》いに発表《はっぴょう》し合《あ》ってみてください！　このとき、相手《あいて》に「自分《じぶん》が何《なに》に感動《かんどう》したか」が伝《つた》わるように、話《はな》す順番《じゅんばん》に注意《ちゅうい》しましょう。

具体的《ぐたいてき》には、まず「自分《じぶん》が何《なに》に感動《かんどう》したのか」をひと言《こと》で、なるべく短《みじか》く伝《つた》えてください。次《つぎ》に「それがなぜ印象《いんしょう》に残《のこ》っているのか」を話《はな》します。その後《あと》で「その出来事《できごと》に出会《であ》った時間帯《じかんたい》や場所《ばしょ》」などを説明《せつめい》してください。

これは、相手《あいて》に話《はなし》の内容《ないよう》が伝《つた》わりやすくなる技《わざ》なので、他《ほか》にも発表《はっぴょう》の機会《きかい》があったら、ぜひ試《ため》してみてくださいね！

さて、お互《たが》いに昨日《きのう》あった出来事《できごと》で印象《いんしょう》に残《のこ》っていることを発表《はっぴょう》し合《あ》いましたか？　自分《じぶん》はどんなことを発表《はっぴょう》したでしょうか。お父《とう》さんお母《かあ》さんと自分《じぶん》とで、発表《はっぴょう》したことにどんな違《ちが》いがあったでしょうか。親子《おやこ》といえども目《め》のつけどころが全然違《ぜんぜんちが》った！　なんてことも、きっとあったと思《おも》います。

▼体験力《たいけんりょく》で「机《つくえ》の上《うえ》」以外《いがい》でも勉強《べんきょう》する！

僕《ぼく》は親《おや》とこんなことをして過《す》ごしていました。それは、すべて「体験力《たいけんりょく》」を鍛《きた》えるためなんです。

いったい「体験力《たいけんりょく》」とはどんな力《ちから》なのか？　これは、ひと言《こと》で言《い》うならば、「普段《ふだん》の生活《せいかつ》の中《なか》で体験《たいけん》したことから、さまざまなことを吸収《きゅうしゅう》する力《ちから》」のことです。

少《すこ》し話《はなし》は変《か》わりますが、みなさんは、勉強《べんきょう》は好《す》きでしょうか。あまり好《す》きじゃない、という人《ひと》も多《おお》いのではないかと思《おも》います。だって、机《つくえ》の前《まえ》に座《すわ》って勉強《べんきょう》するより、外《そと》に遊《あそ》びに行《い》ったり、友《とも》だちのみんなと遊《あそ》んだりするほうが楽《たの》しく思《おも》えますよね。

でも、宿題《しゅくだい》は解《と》かないといけませんし、勉強《べんきょう》はしなくちゃいけない。遊《あそ》びたいのに、勉《べん》強《きょう》の時間《じかん》があると遊《あそ》べない……。そんなことで苦《くる》しむ人《ひと》に伝《つた》えたいのが、この「体験力《たいけんりょく》トレーニング」です。

体験力《たいけんりょく》を育《そだ》てていくと、だんだん「考《かんが》える力《ちから》」が身《み》についていきます。この「考《かんが》える力《ちから》」を育《そだ》てることができれば、学校《がっこう》の勉強《べんきょう》だって授業《じゅぎょう》を聞《き》いているだけで、全部《ぜんぶ》わかるようになれるかもしれません。そうすれば、家《いえ》に帰《かえ》って予習《よしゅう》や復習《ふくしゅう》をしなくたって、学校《がっこう》の勉強《べんきょう》を楽々《らくらく》こなせるようになりますよね。

体験力《たいけんりょく》があると、普段《ふだん》の生活《せいかつ》の中《なか》で体験《たいけん》した「ありふれたこと」が自分《じぶん》だけの特別《とくべつ》な体験《たいけん》になります。小学校《しょうがっこう》の時《とき》の社会科見学《しゃかいかけんがく》や家族旅行《かぞくりょこう》はもちろんのこと、「隣町《となりまち》まで出《で》かけたら知《し》らない怖《こわ》い大人《おとな》がいた」なんてこともあるかもしれません。

これらの物事《ものごと》をただ眺《なが》めているだけでは、ただの「思《おも》い出《で》」にすぎません。しかし、しっかりと考《かんが》えるための視点《してん》を育《そだ》ててから見《み》てやれば、いろいろなことが読《よ》み取《と》れるようになります。

▼「思《おも》い出《で》」を観察《かんさつ》する！

では、どうやって物事《ものごと》を観察《かんさつ》すればいいのでしょうか？　まずは、体験《たいけん》した出来事《できごと》を、整理《せいり》してみましょう。いつ、どこで、何《なに》をしていたら、どんなことが起《お》きたのか。これらがごちゃ混《ま》ぜになっていては、さまざまなことが見《み》えにくくなってしまうからです。

たとえば「空《そら》を見《み》ながら散歩《さんぽ》をしていたら、ビルの屋上《おくじょう》に広告《こうこく》が貼《は》ってあるのを見《み》つけた」という出来事《できごと》があったとします。「いつ」「どこで」などは書《か》いていませんが、記憶《きおく》を頼《たよ》りにして、なるべく補《おぎな》ってみましょう。この場合《ばあい》は、

いつ……（昨日《きのう》）

どこで……（近所《きんじょ》で）

何《なに》を……「空《そら》を見《み》ながら散歩《さんぽ》をしていた」

どんなことが起《お》きたか……「ビルの屋上《おくじょう》に広告《こうこく》を見《み》つけた」

と、なりますね。ここまでできたら、次《つぎ》に、抜《ぬ》き出《だ》した文《ぶん》の中《なか》で、不思議《ふしぎ》に思《おも》ったポイントを探《さが》してみましょう！　「その出来事《できごと》をよく覚《おぼ》えている」ということは、何《なに》かが引《ひ》っかかったからこそ、印象《いんしょう》に残《のこ》っているわけですよね。ですから、自分《じぶん》が何《なに》に対《たい》して疑問《ぎもん》に思《おも》ったかを、発見《はっけん》しなくてはいけません。

僕《ぼく》の場合《ばあい》なら、「ビルの屋上《おくじょう》に広告《こうこく》」というところに疑問《ぎもん》を感《かん》じます。だって、よく考《かんが》えてみてください。歩《ある》いている僕《ぼく》らからすると、相当空《そうとうそら》に目《め》を向《む》けながら歩《ある》かないと、ビルの屋上《おくじょう》の広告《こうこく》なんて目《め》につきません。

ですが、広告《こうこく》って「うちにはこんないいものがありますよ！」ってことをアピールするためのものですよね。いろいろな人《ひと》に良《よ》さを知《し》ってほしいから看板《かんばん》を出《だ》しているのに、人《ひと》から見《み》えないような位置《いち》に出《だ》すなんて、ちょっとおかしいと思《おも》いませんか？

では、どうしてそんなところに広告《こうこく》を出《だ》すのでしょうか。疑問《ぎもん》を見《み》つけたなら、次《つぎ》のステップは「答《こた》えを考《かんが》えてみること」です。さっきの「ビルの屋上《おくじょう》にあった広告《こうこく》」の問題《もんだい》に戻《もど》って考《かんが》えてみましょう。

道《みち》を歩《ある》いている人《ひと》からすれば非常《ひじょう》に見《み》えにくい位置《いち》にある広告《こうこく》。では、どうしてわざわざビルの屋上《おくじょう》に広告《こうこく》を出《だ》すのか？　きっと「ビルの屋上《おくじょう》でも人《ひと》の目《め》につくから」ですよね。

ここまで仮説《かせつ》を立《た》て終《お》わったら、次《つぎ》は裏《うら》づけに入《はい》ります。裏《うら》づけとは、その答《こた》えが正《ただ》しいのか、いろいろなことを調《しら》べて確《たし》かめてみること。答《こた》え合《あ》わせのようなものです。

この裏《うら》づけには、さまざまな方法《ほうほう》があります。ですから、たったひとつのやり方《かた》があるわけではありません。しかし、裏《うら》づけがやりやすくなる方法《ほうほう》ならあります。予想《よそう》した答《こた》えから、新《あら》たな問《と》いを考《かんが》えてみるのです。

先《さき》ほどの「ビルの屋上《おくじょう》の広告《こうこく》」の問題《もんだい》だったら、「どこからだったら、屋上《おくじょう》の広告《こうこく》は見《み》えるんだろう？」と考《かんが》えてみると、答《こた》えにたどり着《つ》きやすくなるかもしれません。なぜなら、この問《と》いを立《た》てれば、これまでは「屋上《おくじょう》の広告《こうこく》は、どうやって人《ひと》の目《め》につくのだろう？」という広《ひろ》くてふわっとしていた問題《もんだい》が、「屋上《おくじょう》の広告《こうこく》は、どこからだと見《み》えやすいのだろう？」という具体的《ぐたいてき》な問題《もんだい》になるからです。

そうすれば、「じゃあ地図《ちず》を見《み》てみよう！」とか、「広告《こうこく》があったビルの周囲《しゅうい》を歩《ある》き回《まわ》ってみよう！」と考《かんが》えが及《およ》ぶかもしれません。ここまでくれば、実際《じっさい》に調査《ちょうさ》をすることができます。調査《ちょうさ》をしてみると、もしかしたら「看板《かんばん》の近《ちか》くには高速道路《こうそくどうろ》が通《とお》っている」なんて事実《じじつ》に気《き》がつくかもしれません。

ビルの屋上《おくじょう》の看板《かんばん》は、地上《ちじょう》を歩《ある》いている僕《ぼく》らではなく、地上《ちじょう》からはるかに高《たか》い高速道路《こうそくどうろ》を走《はし》っている車《くるま》の運転手《うんてんしゅ》さん向《む》けに出《だ》されたものだったんですね！　そう考《かんが》えると、どうして地上《ちじょう》から見《み》えないところに看板《かんばん》を設置《せっち》するのか、という謎《なぞ》が解《と》けます。こうして、日《にち》常生活《じょうせいかつ》の中《なか》から謎《なぞ》を掘《ほ》り出《だ》して解消《かいしょう》することこそが、今回《こんかい》のトレーニングなんです。

▼実際《じっさい》に調査《ちょうさ》をしてみよう！

ちなみに、実際《じっさい》に調査《ちょうさ》を行《おこな》うことは大変重要《たいへんじゅうよう》。「なんとなくこうだと思《おも》っていた」なんてとき、実《じつ》はその直感《ちょっかん》が外《はず》れていることが結構《けっこう》あるからです。

たとえば、1％の確率《かくりつ》で当《あ》たりが出《で》るくじを100回《かい》引《ひ》いたとします。このとき、あなたは「必《かなら》ず」当《あ》たりを引《ひ》くことができるでしょうか？

1％を100回《かい》やったら1×100＝100％だから、答《こた》えは「絶対《ぜったい》に当《あ》たりを引《ひ》ける！」と思《おも》いたいところですが、実《じつ》は違《ちが》います。答《こた》えは「そこそこの確率《かくりつ》で当《あ》たりを引《ひ》ける」のであり、絶対《ぜったい》にはなりません。細《こま》かい計算《けいさん》は省《はぶ》きますが、実際《じっさい》に計算《けいさん》してみると、この場合《ばあい》では大体《だいたい》60％くらいの確率《かくりつ》で当《あ》たりを引《ひ》けることがわかります。

直感《ちょっかん》では正《ただ》しいと思《おも》ったことも、実《じつ》は計算《けいさん》や調査《ちょうさ》をしてみると違《ちが》った、なんてことはたくさんあります。ですから、どんなことでも、本当《ほんとう》に確《たし》かなことや、自分《じぶん》が実際《じっさい》に確《たし》かめたこと以外《いがい》は、必《かなら》ず自分《じぶん》で調査《ちょうさ》をしてみるようにしましょう！

さて、ここまで読《よ》んで、何《なに》か気《き》がついたことがありませんでしたか？　身近《みぢか》な場所《ばしょ》から疑問《ぎもん》を発見《はっけん》して、その疑問《ぎもん》に対《たい》して仮説《かせつ》を立《た》てて、その仮説《かせつ》の裏《うら》を取《と》って検証《けんしょう》する……この流《なが》れは、きっとすでに体験《たいけん》したことなのではないかと思《おも》います。

そう、何《なん》を隠《かく》そう体験力《たいけんりょく》は、ＰＡＲＴ１《パートワン》で見《み》てきた「質問力《しつもんりょく》」と大《おお》きくつながっているんです！　質問力《しつもんりょく》とは日常《にちじょう》の中《なか》で生《しょう》じた疑問《ぎもん》に答《こた》える練習《れんしゅう》でした。では、体験力《たいけんりょく》とはどんな力《ちから》なのでしょうか。

体験力《たいけんりょく》とは、実際《じっさい》に自分《じぶん》が体験《たいけん》しているさまざまなものごとから、疑問《ぎもん》を抜《ぬ》き出《だ》してみる力《ちから》を育《そだ》てるトレーニングのこと。実際《じっさい》に、自分《じぶん》が生《い》きている範囲内《はんいない》でも、普段《ふだん》は気《き》にも留《と》めていないだけで、さまざまな謎《なぞ》が隠《かく》れています。

質問力《しつもんりょく》と似《に》ているようですが、質問力《しつもんりょく》はあくまで勉強《べんきょう》で使《つか》うような疑問《ぎもん》について考《かんが》えていました。それに対《たい》して、体験力《たいけんりょく》は、「自分《じぶん》の体験《たいけん》から質問《しつもん》する対象《たいしょう》を見《み》つけてみる」ことが中心《ちゅうしん》にあります。学校《がっこう》の勉強《べんきょう》に限《かぎ》らず、普段《ふだん》の日常生活《にちじょうせいかつ》の中《なか》で目《め》についた、いろいろな不思議《ふしぎ》に迫《せま》っていく力《ちから》を、体験力《たいけんりょく》を通《とお》して学《まな》ぶことができます。

自分《じぶん》の見《み》ている世界《せかい》の中《なか》は、普段《ふだん》は気《き》にもしていないだけで、いろんな謎《なぞ》にあふれています。まず、それらに気《き》づくことこそが大事《だいじ》なんです。

こうして日常《にちじょう》の不思議《ふしぎ》に気《き》づけば、きっと学校《がっこう》で学《まな》ぶような多《おお》くの不思議《ふしぎ》についても興《きょう》味《み》を持《も》って取《と》り組《く》めるようになっていきます。一見《いっけん》すると回《まわ》り道《みち》のようですが、質問力《しつもんりょく》も体験力《たいけんりょく》も「考《かんが》える」という点《てん》ではどちらも同《おな》じものなんです。体験力《たいけんりょく》を鍛《きた》えていけば、間《ま》違《ちが》いなく学校《がっこう》の勉強《べんきょう》に対応《たいおう》する力《ちから》も上《あ》がっていきます。

さまざまな体験《たいけん》したことを、自分《じぶん》だけの切《き》り抜《ぬ》き方《かた》をして糧《かて》にしてみましょう！

思い出を観察？

思い出を観察して体験力を磨くぞ〜〜！
パパを拡大！
何を見ているの？
あのですね、ええっと、ほら、あの、パパの…
昔はどれくらいだったかなあ、って…

体験力《たいけんりょく》の鍛《きた》え方《かた》

\ START /

1

体験《たいけん》した出来事《できごと》を整理《せいり》する。
「いつ」「どこで」「何《なに》をしていた」
「どんなことがあったか」

例《れい》「お昼《ひる》ごろ」「公園《こうえん》で」「寝転《ねころ》んで空《そら》を見《み》ていた」ら「ビルの屋上《おくじょう》に看板《かんばん》を見《み》つけた」

2

なぜその出来事《できごと》が印象《いんしょう》に残《のこ》っているのか考《かんが》える

例《れい》 歩《ある》いている人《ひと》には見《み》えない場所《ばしょ》に看板《かんばん》が設置《せっち》されているから

不思議《ふしぎ》に思《おも》ったポイントは何《なに》かな？

4

例《れい》 高速道路《こうそくどうろ》からよく見《み》える！

仮説《かせつ》が正《ただ》しいか、地図《ちず》を見《み》たり、その付近《ふきん》を調査《ちょうさ》したりする

3

不思議《ふしぎ》に思《おも》ったポイントの仮説《かせつ》を立《た》てる

例《れい》 ビルの上《うえ》でもよく見《み》える場所《ばしょ》があるから

5

＼ GOAL ／

おうちの人《ひと》に今日体験《きょうたいけん》して発見《はっけん》したことを説明《せつめい》しよう

どこ
だったら
よく
見《み》えるかな？

日記《にっき》に挑戦《ちょうせん》！

今日《きょう》あった出来事《できごと》を日記《にっき》にしてみよう！

10 分以内《ぶんいない》

体験力《たいけんりょく》のトレーニングに大事《だいじ》なのは、どんなことを体験《たいけん》したかが意識《いしき》できること！　そのためには、毎日《まいにち》の自分《じぶん》の体験《たいけん》に対《たい》して、しっかりと目《め》を配《くば》れるように自分《じぶん》の意識《いしき》をとがらせておく必要《ひつよう》があります。普段《ふだん》から意識的《いしきてき》に自分自身《じぶんじしん》の体験《たいけん》を観察《かんさつ》するのです。

日記《にっき》は「今日《きょう》自分《じぶん》が体験《たいけん》した出来事《できごと》」を記《しる》すトレーニング。日記《にっき》をしっかり書《か》けるのならば、体験力《たいけんりょく》マスターの第一歩《だいいっぽ》を踏《ふ》み出《だ》したといってもいいでしょう。加《くわ》えて日記《にっき》にはもうひとついい効果《こうか》があります。それは、文章力《ぶんしょうりょく》がつくこと。日記《にっき》は、自分《じぶん》の見聞《みき》きしたことを、時系列《じけいれつ》に沿《そ》って書《か》いていく必要《ひつよう》があるので、実《じつ》はとっても難《むずか》しいことなんです。
みなさんがこれから大人《おとな》になっていくまでのどこかで、いつか必《かなら》ず文章力《ぶんしょうりょく》が必要《ひつよう》になる場面《ばめん》が来《き》ます。その時《とき》までに、誰《だれ》に見《み》せても恥《は》ずかしくない文章《ぶんしょう》を書《か》けるように、今《いま》のうちから練習《れんしゅう》してみましょう！　そのためにも、書《か》いた日記《にっき》はお父《とう》さんやお母《かあ》さんなど、身近《みぢか》な大人《おとな》の人《ひと》に見《み》せてみて、文章《ぶんしょう》がおかしくないか確《たし》かめてもらうようにしてくださいね。

＊ノートに書《か》き出《だ》してね。コピーしたものをノートに貼《は》ってもいいよ。

月《がつ》　日《にち》（　　）天気《てんき》

月《がつ》　日《にち》（　　）天気《てんき》

←次《つぎ》のページに大切《たいせつ》なことが書《か》いてあるよ。必《かなら》ず読《よ》んでね！

さて、みなさんはうまく日記《にっき》を書《か》くことができたでしょうか？　もしも、まだ書《か》いてないよ、という人《ひと》がいたら、ここから先《さき》を読《よ》むのをやめて、いったん日記《にっき》を書《か》いてみてください！　その後《あと》で、この続《つづ》きを読《よ》んでみましょう。

日記《にっき》はちゃんと書《か》きましたか？　どんなことを書《か》いたでしょうか？　うまく書《か》くことができたでしょうか？　いろいろと気《き》になることはありますが、まずはお疲《つか》れさまでした。これからもなるべく日記《にっき》を書《か》くようにすると、体験力《たいけんりょく》や文章力《ぶんしょうりょく》を鍛《きた》えるために、良《よ》いトレーニングになります。ぜひ続《つづ》けてみてくださいね！

日記《にっき》の書《か》き方《かた》に正解《せいかい》はありません。ですから、今回《こんかい》に限《かぎ》っては、解答《かいとう》や解説《かいせつ》というものも特《とく》にはないのですが、やっぱり、せっかく日記《にっき》を書《か》くなら、上手《じょうず》に書《か》けたほうがいいですよね。そこで今回《こんかい》は、どうすればうまく日記《にっき》を書《か》けるのかについて、少《すこ》しだけ考《かんが》えてみることにしましょう。

実《じつ》は、一口《ひとくち》に日記《にっき》と言《い》っても、いろいろな書《か》き方《かた》があるんです。たとえば、いちばん簡単《かんたん》なのは「ひとこと日記《にっき》」というもの。これは、その日《ひ》でいちばん印象《いんしょう》に残《のこ》っていることと、それがどのように心《こころ》に残《のこ》ったのかをひと言《こと》で表《あらわ》すだけ、という日記《にっき》です。

例《れい》 今日《きょう》はおばあちゃんからスイカが届《とど》いた。あまくておいしかった。

これだけ？　と思《おも》われるかもしれませんが、たったこれだけでも立派《りっぱ》な日記《にっき》です。何《なに》を書《か》けばいいのかわからない、どうすればうまく書《か》けるかわからないという人《ひと》は、最初《さいしょ》はここから始《はじ》めてみるといいでしょう。

少《すこ》し余裕《よゆう》が出《で》てきたら、その日《ひ》であまり良《よ》くなかったことや、次《つぎ》の日《ひ》の目標《もくひょう》も入《い》れてみましょう。最後《さいご》に良《よ》くなかったことを言《い》って終《お》わるとちょっと悲《かな》しいので、最初《さいしょ》に良《よ》くなかったことを、次《つぎ》に良《よ》かったと思《おも》うことを書《か》くようにしてみましょうか。そうすると、

①あまり良《よ》くなかったこと
②良《よ》かったこと
③次《つぎ》の日《ひ》の目標《もくひょう》や願《ねが》い

というように、元々《もともと》は一行《いちぎょう》しかなかった日記《にっき》が三行《さんぎょう》にまで膨《ふく》れ上《あ》がりました！　ここまでくれば立派《りっぱ》な日記《にっき》ですよね。

例《れい》
今日《きょう》は一日中雨《いちにちじゅうあめ》が降《ふ》っていて、外《そと》で遊《あそ》べなかった。
でも、家族《かぞく》でゲームをして遊《あそ》んだ。とても楽《たの》しかった。
明日《あした》は外《そと》で遊《あそ》べるといいなぁ。

もしもみなさんがすでに学校《がっこう》に通《かよ》っているなら、「復習日記《ふくしゅうにっき》」を作《つく》ってみるのもいいかもしれません。ここに「その日《ひ》の学校《がっこう》で習《なら》ったこと」を付《つ》け加《くわ》えるのです。こうすれば、学校《がっこう》の勉強《べんきょう》の復習《ふくしゅう》にもなりますよね。それに、宿題《しゅくだい》や提出物《ていしゅつぶつ》の忘《わす》れ物《もの》もなくなるかもしれません。

例《れい》
今日《きょう》は算数《さんすう》の授業《じゅぎょう》で掛《か》け算《ざん》を学《まな》んだ。
とても難《むずか》しかったけど、2の段《だん》と3の段《だん》を言《い》えるようになった。
宿題《しゅくだい》は4の段《だん》を言《い》えるようになることだけど、なかなか難《むずか》しい。
けれど、明日《あした》までに必《かなら》ず言《い》えるようになるぞ！

体験力《たいけんりょく》 レッスン

日記《にっき》に挑戦《ちょうせん》！応用編《おうようへん》

ある同《おな》じ日《ひ》について、ひとこと日記《にっき》、三行日記《さんぎょうにっき》、復習日《ふくしゅうにっ》記《き》をそれぞれ作《つく》ってみよう！　同《おな》じ日《ひ》でも、どのように文章《ぶんしょう》が変《か》わるのか、自分《じぶん》で書《か》いて確《たし》かめてみよう！　日《にっ》記《き》が書《か》けたら、お父《とう》さんやお母《かあ》さんに見《み》せて、読《よ》んだ印《いん》象《しょう》がどのように変《か》わるか感想《かんそう》を聞《き》いてみよう！

10 分以内《ぶんいない》

8 月《がつ》 12 日《にち》（ 木《もく》 ） 天気《てんき》

ひとこと日記《にっき》

例《れい》 今日《きょう》はおばあちゃんからスイカが届《とど》いた。あまくておいしかった。

三行日記《さんぎょうにっき》

例《れい》 今日《きょう》は一日中《いちにちじゅう》雨《あめ》が降《ふ》っていて、外《そと》で遊《あそ》べなかった。

でも、おばあちゃんからスイカが届《とど》いた。あまくておいしかった。

明日《あした》は晴《は》れるといいなあ。

復習日記《ふくしゅうにっき》

例《れい》 今日《きょう》は一日中雨《いちにちじゅうう》が降《ふ》っていて、外《そと》で遊《あそ》べなかった。

だから休《やす》み時間《じかん》には友《とも》だちと算数《さんすう》で習《なら》ったばかりの九九《くく》を練習《れんしゅう》した。

ぼくは4の段《だん》を言《い》えるようになったけど、友《とも》だちは7の段《だん》を言《い》える

ようになっていた。

よ〜し、ぼくも7の段《だん》をすらすら言《い》えるようにおふろで練習《れんしゅう》するぞ！

＊ノートに書《か》き出《だ》してね。コピーしたものをノートに貼《は》ってもいいよ。

月《がつ》　日《にち》（　　）天気《てんき》

ひとこと日記《にっき》

三行日記《さんぎょうにっき》

復習日記《ふくしゅうにっき》

←次《つぎ》のページに大切《たいせつ》なことが書《か》いてあるよ。必《かなら》ず読《よ》んでね！

今日一日《きょういちにち》の出来事《できごと》を振《ふ》り返《かえ》ろう！

自分《じぶん》の行《おこな》いを振《ふ》り返《かえ》られるかどうか。その時《とき》の自分《じぶん》の状態《じょうたい》を理解《りかい》して、次《つぎ》につなげることができると勉強《べんきょう》も運動《うんどう》もゲームも上達《じょうたつ》する！

最後《さいご》にご紹介《しょうかい》するのは「反省力《はんせいりょく》」です。反省《はんせい》はとても重要《じゅうよう》。自分《じぶん》がこの一日《いちにち》、この一週《いっしゅう》間《かん》、もしくはこの一《いっ》か月《げつ》の間《あいだ》に何《なに》をしてきたかを振《ふ》り返《かえ》る力《ちから》がないと、どれだけトレーニングをしても能力《のうりょく》が身《み》につかないのです！

さて、みなさんは「反省《はんせい》」というと、どんなイメージがあるでしょうか？　たとえば、

怒《おこ》られた時《とき》にすること、しゅんとすることなどいろいろと思《おも》うことはあるでしょう。僕《ぼく》も、反省《はんせい》というとやっぱり「怒《おこ》られた時《とき》にすること」というイメージがあります。「反省《はんせい》しなさい！」という言葉《ことば》とともに怒《おこ》られる……なんとなく定番《ていばん》の流《なが》れですよね。

ですが、それは反省《はんせい》の本当《ほんとう》の姿《すがた》ではありません。反省《はんせい》とは「怒《おこ》られた時《とき》にする」だけではなく、普段《ふだん》から、毎日《まいにち》生《い》きている時《とき》に絶《た》え間《ま》なく行《おこな》うべきことなんです。

反省《はんせい》という言葉《ことば》を辞書《じしょ》で引《ひ》いてみましょう。Weblio辞書《じしょ》というインターネットの辞典《じてん》によると、意味《いみ》は次《つぎ》のようになっています。

1 自分《じぶん》のしてきた言動《げんどう》をかえりみて、その可否《かひ》を改《あらた》めて考《かんが》えること。「常《つね》に―を怠《おこた》らない」「一日《いちにち》の行動《こうどう》を―してみる」

2 自分《じぶん》のよくなかった点《てん》を認《みと》めて、改《あらた》めようと考《かんが》えること。「―の色《いろ》が見《み》られない」「誤《あやま》ちを素直《すなお》に―する」

（出典《しゅってん》：https://www.weblio.jp/content/%E5%8F%8D%E7%9C%81 2022/12/17閲覧《えつらん》）

自分《じぶん》のしてきた言動《げんどう》……つまり「言《い》ったこと」や「実際《じっさい》にやったこと」などを振《ふ》り返《かえ》ってみて、それがいいものか悪《わる》いものか考《かんが》えてみること。または、自分《じぶん》の良《よ》くなかった点《てん》を認《みと》めて、何《なに》が良《よ》くなかったか、どうすれば良《よ》くなるかを考《かんが》えること。これらを反省《はんせい》と呼《よ》んでいるわけです。

怒《おこ》られた時《とき》にする「反省《はんせい》」は**2**の意味《いみ》でしかありません。この反省《はんせい》も十分《じゅうぶん》に大事《だいじ》ですが、僕《ぼく》がみなさんにやってほしいのは**1**の意味《いみ》の反省《はんせい》なんです。

1の意味《いみ》の反省《はんせい》はとっても大事《だいじ》です。自分《じぶん》の行《おこな》いを振《ふ》り返《かえ》って、それが良《よ》かったかどうかをもう一度考《いちどかんが》えてみること。これはつまり「復習《ふくしゅう》」というものだからです。

復習《ふくしゅう》とは、その日《ひ》に習《なら》ったことをもう一度思《いちどおも》い返《かえ》すこと。復習《ふくしゅう》は学力《がくりょく》を伸《の》ばす上《うえ》でも大《たい》変重要《へんじゅうよう》なトレーニングです。どれだけ新《あたら》しいことを学《まな》んでも、頭《あたま》に入《はい》っていなければ意味《いみ》がありません。予習《よしゅう》なんかよりも、復習《ふくしゅう》のほうがずっと大事《だいじ》だと言《い》えるほどです。

せっかく新《あたら》しいことを学《まな》んだのなら、頭《あたま》の中《なか》にとどめておきたいですよね。だって、忘《わす》れてしまったら、それを勉強《べんきょう》した時間《じかん》が全部無駄《ぜんぶむだ》になってしまいますから。何《なに》かを学《まな》んだ時《とき》には必《かなら》ず復習《ふくしゅう》が必要《ひつよう》になるのです。

▼反省《はんせい》とは復習《ふくしゅう》の意味《いみ》。つまり反省力《はんせいりょく》とは自分自身《じぶんじしん》を振《ふ》り返《かえ》る力《ちから》のこと

勉強以外《べんきょういがい》についても同《おな》じことが言《い》えます。たとえば、悪《わる》いことをしてしまった時《とき》。自分《じぶん》にはその気《き》がなかったのに失敗《しっぱい》してしまった時《とき》。そのような時《とき》には、自分《じぶん》の行《おこな》いの何《なに》が悪《わる》かったのかを「反省《はんせい》」する必要《ひつよう》がありますよね。この反省《はんせい》こそが、日常《にちじょう》における復習《ふくしゅう》になるわけです。

反省《はんせい》しなくては、自分《じぶん》の行《おこな》いの何《なに》が悪《わる》かったのか、どうすれば良《よ》くなるのかすらもわかりません。恥《は》ずかしいのですが、ここでは実際《じっさい》に僕《ぼく》が体験《たいけん》した反省《はんせい》すべき出来事《できごと》を例《れい》として反省《はんせい》の大事《だいじ》さを考《かんが》えてみましょう。

僕《ぼく》は、小学校《しょうがっこう》の頃《ころ》から運動《うんどう》があまり得意《とくい》ではありませんでした。体育《たいいく》の授業《じゅぎょう》はそこまで嬉《うれ》しくはありませんでしたし、どちらかというと家《いえ》の中《なか》でゲームをしているほうがずっと好《す》きな性格《せいかく》でした。

そんなわけで、あまり運動神経《うんどうしんけい》が良《よ》くない僕《ぼく》でしたが、それでもみんなと一緒《いっしょ》に遊《あそ》ぶことは好《す》きでした。みんなで一緒《いっしょ》に協力《きょうりょく》するタイプの競技《きょうぎ》、玉入《たまい》れなどは好《す》きで、これは楽《たの》しんでいました。

玉入《たまい》れは地面《じめん》に散《ち》らばったお手玉《てだま》を、中央《ちゅうおう》に置《お》いてあるカゴの中《なか》に投《な》げ入《い》れる協力型《きょうりょくがた》の競技《きょうぎ》です。このカゴは少《すこ》し高《たか》いところに設置《せっち》してあり、ちゃんと狙《ねら》って投《な》げ入《い》れなければ届《とど》かないような絶妙《ぜつみょう》な高《たか》さに設定《せってい》してあります。

玉入《たまい》れはチーム対抗《たいこう》の競技《きょうぎ》です。制限時間内《せいげんじかんない》にどれだけ多《おお》くの玉《たま》を投《な》げ入《い》れることができたかどうかで勝敗《しょうはい》が決《き》まります。誰《だれ》かが失敗《しっぱい》しても、みんなで助《たす》け合《あ》えばいいのですし、誰《だれ》かの責任《せきにん》で負《ま》けた、ということにはなりにくいのです。だからこそ、僕《ぼく》はこの競技《きょうぎ》が好《す》きだったのですが……。

　小学校《しょうがっこう》2年生《ねんせい》の運動会《うんどうかい》のことでした。玉入《たまい》れの競技《きょうぎ》に意気揚々《いきようよう》と出場《しゅつじょう》した僕《ぼく》でしたが、この時《とき》の僕《ぼく》には秘策《ひさく》がありました。それは「下手《へた》な鉄砲《てっぽう》も数撃《かずう》ちゃ当《あ》たる」作戦《さくせん》。運動《うんどう》オンチな自分《じぶん》にはどうせ狙《ねら》っても入《はい》るか入《はい》らないかなんてわからないのです。だったら、最《さい》初《しょ》から狙《ねら》わずに、とにかくたくさん投《な》げまくればいい。そう考《かんが》えていたのでした。

　よーい、スタート！　鉄砲《てっぽう》が鳴《な》ったのを合図《あいず》に、みんなが一斉《いっせい》に飛《と》び出《だ》します。1つ拾《ひろ》ってはカゴに投《な》げる者《もの》、たくさん集《あつ》めてカゴを狙《ねら》う者《もの》、いろいろいましたが、僕《ぼく》は一目散《いちもくさん》に玉《たま》がたくさん落《お》ちている場所《ばしょ》に走《はし》っていきました。そうして、作戦通《さくせんどお》り下《した》の玉《たま》を拾《ひろ》っては投《な》げ、拾《ひろ》っては投《な》げ、完璧《かんぺき》な動作《どうさ》を繰《く》り返《かえ》します。

　終《お》わった頃《ころ》には満身創痍《まんしんそうい》。疲《つか》れ切《き》った身体《からだ》も達成感《たっせいかん》でどこか誇《ほこ》らしくすらありました。そうして結果《けっか》を聞《き》いてみると……結局負《けっきょくま》けてしまっていました。

　負《ま》けたこと自体《じたい》は仕方《しかた》ないのですが、それでも不審《ふしん》な点《てん》がありました。あれ、なんだか玉《たま》の数《かず》がおかしい。あれだけたくさん投《な》げ入《い》れたのだから、もっと入《はい》っていてもおかしくないはずだ。でも、いったいどうして……。

▼「反省力《はんせいりょく》」を鍛《きた》えるトレーニングとは？

その真相《しんそう》は、お昼《ひる》ご飯《はん》を食《た》べに、両親《りょうしん》の元《もと》へ帰《かえ》ったときにわかりました。両親曰《りょうしんいわ》く、僕《ぼく》は「ひたすらボールを拾《ひろ》っては真横《まよこ》に投《な》げる」という動作《どうさ》を繰《く》り返《かえ》していたというのです。ご存《ぞん》じの通《とお》り、カゴは僕《ぼく》らから見《み》て真上《まうえ》の方向《ほうこう》にあります。いくら真横《まよこ》に投《な》げても、入《はい》るはずがありません。結局《けっきょく》、無駄《むだ》な努力《どりょく》をしてしまっていたのでした。

この時《とき》の僕《ぼく》にはいったい何《なに》が足《た》りなかったのでしょうか？　自分《じぶん》の作戦《さくせん》の成功率《せいこうりつ》をイメージする力《ちから》。イメージと自分《じぶん》の身体《からだ》の動《うご》きを合致《がっち》させる力《ちから》。そして実際《じっさい》に身体《からだ》を動《うご》かす力《ちから》。さまざまな原因《げんいん》が思《おも》いつきます。ただ、なんといっても最大《さいだい》の敗因《はいいん》は自分《じぶん》で自分《じぶん》の身体《からだ》をかえりみることができなかったことでしょう。

僕《ぼく》はどうすればよかったのか？　もしも僕《ぼく》がもう少《すこ》しだけ冷静《れいせい》であったなら、そして、自分《じぶん》の動《うご》きを客観的《きゃっかんてき》に見《み》ることができていたのなら、自分《じぶん》が真上《まうえ》ではなく真横《まよこ》にボールを投《な》げていることに気《き》づいて、その動《うご》きを修正《しゅうせい》することができていたかもしれません。しかし、僕《ぼく》にはたった一握《ひとにぎ》りの冷静《れいせい》さも、客観的《きゃっかんてき》に見《み》る力《ちから》も欠《か》けていた。だから、玉入《たまい》れにまったく貢献《こうけん》せず負《ま》けてしまったのです。

さて、いま僕《ぼく》が行《おこな》ったことこそが「反省《はんせい》」です。自分《じぶん》のやったことを振《ふ》り返《かえ》って、それが良《よ》かったのか悪《わる》かったのか考《かんが》えてみる。もし悪《わる》いと思《おも》うのなら、どうすれば良《よ》くなるのか考《かんが》える。これこそが「反省《はんせい》」の本当《ほんとう》の意味《いみ》になります。

「反省《はんせい》」はやればやるほど生《い》きるための力《ちから》がついていきます。もちろん勉強《べんきょう》にも役立《やくだ》ちますが、反省力《はんせいりょく》は勉強以外《べんきょういがい》のことについても役《やく》に立《た》ちます。

僕《ぼく》は友《とも》だちと話《はな》すことが苦手《にがて》だったのですが、中高《ちゅうこう》6年《ねん》の間《あいだ》、ずっと帰《かえ》り道《みち》の中《なか》で「どうすればもっと会話《かいわ》を弾《はず》ませることができたのか」を反省《はんせい》しながら帰《かえ》っていました。これのおかげで、高校《こうこう》を卒業《そつぎょう》するころには誰《だれ》かと会話《かいわ》することがまったく怖《こわ》くなくなりましたし、むしろ話《はな》すことが得意《とくい》になっていました。

反省力《はんせいりょく》を磨《みが》くためには、日常的《にちじょうてき》に反省《はんせい》を行《おこな》うことが一番《いちばん》のトレーニングになります。何《なに》かゲームをやった後《あと》など、どうすればもっと強《つよ》くなれるのか考《かんが》えることも反省《はんせい》ですし、その日《ひ》にあったことを振《ふ》り返《かえ》ってみることもまた、反省《はんせい》です。

体験力《たいけんりょく》の項目《こうもく》に「日記《にっき》を書《か》くトレーニング」がありましたが、これもまた反省力《はんせいりょく》に通《つう》じる練習方法《れんしゅうほうほう》です。その日《ひ》に何《なに》があったのか振《ふ》り返《かえ》ることは、体験力《たいけんりょく》だけではなく反省力《はんせいりょく》の面《めん》から見《み》ても、非常《ひじょう》に良《よ》いトレーニングとなるのです。

ただ、いきなり勉強《べんきょう》などの反省《はんせい》から入《はい》るのは気《き》が乗《の》らないかもしれません。ですから、まずは、日々《ひび》遊《あそ》んでいるゲームや遊《あそ》びで負《ま》けてしまった時《とき》に、どうすれば勝《か》てるようになるのかを考《かんが》えるなど、自分《じぶん》にとって親《した》しみやすいところから始《はじ》めてみてくださいね！

今月のおこづかい

今月
おこづかいが
足りなかった
おこづかい
500
買ったもの
フルーツ
グミ
シール
よかった？
悪かった？
足りない分を妹に
借りたから悪かった
かして
どうしたら
よくなる？
値上げ
交渉を
する!!
違います！
おこづかいの
範囲内でやりくり
するんです！
ママ
え〜

反省力《はんせいりょく》の鍛《きた》え方《かた》

1 振《ふ》り返《かえ》りシートを作《つく》る

反省力《はんせいりょく》を鍛《きた》えるために、まずやるべきは「振《ふ》り返《かえ》りシート」を作《つく》ること。

❶今日《きょう》はどんな出来事《できごと》があった？

例《れい》 運動会《うんどうかい》があった。

❷そこで自分《じぶん》は何《なに》をした？

例《れい》 玉入《たまい》れのときに「下手《へた》な鉄砲《てっぽう》も数撃《かずう》ちゃ当《あ》たる」作戦《さくせん》でたくさんボールを投《な》げた。

❸自分《じぶん》のしたことは良《よ》かった？ 悪《わる》かった？

良《よ》かった

どうすればもっと良《よ》くなるか考《かんが》えよう。

悪《わる》かった

何《なに》が悪《わる》かったのか、どうすれば良《よ》くなるのか考《かんが》えよう。

例《れい》 カゴに入《い》れることを考《かんが》えずにボールを投《な》げていたのが悪《わる》かった。来年《らいねん》の運動会《うんどうかい》では、カゴを狙《ねら》ってボールを投《な》げようと思《おも》う。

2　振《ふ》り返《かえ》りシートの４つの項目《こうもく》を埋《う》める

シートに書《か》き込《こ》むのは、最初《さいしょ》のうちは大変《たいへん》かもしれません。しかし、ある程度続《ていどつづ》けると、わざわざノートに書《か》かなくても頭《あたま》の中《なか》だけで振《ふ》り返《かえ》りができるようになります。大変《たいへん》なのは最初《さいしょ》だけ。最初《さいしょ》だけ我慢《がまん》すれば、あなたもきっと反省力《はんせいりょく》マスターになれますよ！

次《つぎ》のページに振《ふ》り返《かえ》りシートの大《おお》まかなレイアウトが載《の》っています。コピーして使《つか》うもよし、手書《てが》きでノートに書《か》いて使《つか》うもよし。まずはあまり難《むずか》しく考《かんが》えずに、振《ふ》り返《かえ》りシートを作《つく》ることから始《はじ》めましょう！

振《ふ》り返《かえ》りシートを埋《う》めよう！

最初《さいしょ》のうちはどうしても埋《う》まらない部分《ぶぶん》があっても大《だい》丈夫《じょうぶ》。まずは、どんな出来事《できごと》があったかな？　というように、振《ふ》り返《かえ》りから始《はじ》めましょう！　慣《な》れてきたら、全項目《ぜんこうもく》埋《う》められるようにがんばってみましょうね。

15
分以内《ふんいない》

❶今日《きょう》はどんな出来事《できごと》があった？

❷そこで自分《じぶん》は何《なに》をした？

＊ノートに書《か》き出《だ》してね。コピーしたものをノートに貼《は》ってもいいよ。

❸自分《じぶん》のしたことは良《よ》かった？　悪《わる》かった？

良《よ》かった

どうすればもっと良《よ》くなるか考《かんが》えよう

悪《わる》かった

何《なに》が悪《わる》かったのか、どうすれば良《よ》くなるのか考《かんが》えよう

ゲームで遊《あそ》ぼう！

みなさんは、ゲームは好《す》きでしょうか？　僕《ぼく》は小《ちい》さい頃《ころ》からゲームが大好《だいす》きで、朝《あさ》の9時《じ》から夜《よる》の9時《じ》までずっと遊《あそ》び続《つづ》けていたこともあります。

ゲームといえども、あまりバカにはできません。あれはあれで手先《てさき》の器用《きよう》さだったり反射神経《はんしゃしんけい》などを求《もと》められますし、なんといってもゲームを楽《たの》しむためには頭《あたま》を使《つか》わなくてはいけません。

ここでは、家族《かぞく》や友《とも》だちとゲームをして、そのあとで振《ふ》り返《かえ》りをしてもらおうと考《かんが》えています。いろいろなゲームがある中《なか》で、「振《ふ》り返《かえ》り」にぴったりなのがボードゲームです。ボードゲームというのは、テレビやゲーム機《き》を使《つか》わないアナログなゲームのこと。みなさんも知《し》っているようなゲームだとすごろくやカルタなどが当《あ》てはまります。

ただし、ボードゲームはすごろくやカルタにとどまりません。あまり日本《にほん》では知《し》られていませんが、世界的《せかいてき》にはかなり有名《ゆうめい》で勢《いきお》いのあるゲーム分野《ぶんや》なんです。試《ため》しに、インターネットでボードゲームと調《しら》べてください。みなさんの知《し》っているようなゲームから知《し》らないゲームまで、数《かぞ》えきれないほどのゲームが出《で》てくるはずです。

それらのうち、おすすめのゲームをご紹介《しょうかい》しますね。

7~10歳《さい》ごろ

すごろく

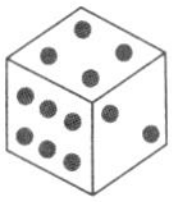

カルタ

など

ボードゲームといえばすごろくやカルタですよね。単純《たんじゅん》ながらも奥《おく》が深《ふか》いゲーム性《せい》は昔《むかし》から変《か》わっておらず、日本《にほん》でも数百年《すうひゃくねん》以上《いじょう》にわたって親《した》しまれています。

このゲームを遊《あそ》ぶのならば、振《ふ》り返《かえ》るべき点《てん》はやはり「どうすれば勝《か》てたか」――。た

ゲームで遊《あそ》ぼう！

とえば、すごろくならば「さいころの目《め》がもっと良《よ》かったらよかった」くらいになるでしょうし、カルタならば「〇〇の読《よ》み札《ふだ》についてもっと気《き》を配《くば》っていればよかった」くらいになるかと思《おも》います。

カルタは実力《じつりょく》がはっきり表《あらわ》れますので、大人《おとな》がある程度手加減《ていどてかげん》するのも大事《だいじ》です。一方《いっぽう》で、すごろくは運次第《うんしだい》で大人《おとな》も子《こ》どもも平等《びょうどう》に争《あらそ》うことができます。やはり勝《か》てるほうが嬉《うれ》しいですから、まずはこれらのゲームから始《はじ》めてみるのがいいと思《おも》います。

10~12歳《さい》ごろ

オセロ

将棋《しょうぎ》

チェス

など

世界的《せかいてき》にも有名《ゆうめい》かつ、大人《おとな》ですらもてこずるゲームといえばオセロや将棋《しょうぎ》・チェスなどが挙《あ》げられます。将棋《しょうぎ》やチェスはプロが存在《そんざい》するほどにメジャーですし、世界的《せかいてき》にも地位《ちい》を誇《ほこ》っているゲームです。

このゲームを遊《あそ》ぶのならば、振《ふ》り返《かえ》るべき点《てん》は「どうすれば勝《か》てたのか」ですが、すごろくやカルタほど単純《たんじゅん》ではありません。それらよりも戦術的《せんじゅつてき》に練《ね》ることが多《おお》くなる分《ぶん》、考《かんが》えることは多《おお》くなります。

戦《たたか》い始《はじ》めの定石《じょうせき》は完《かん》ぺきだったのか、中盤《ちゅうばん》の受《う》け攻《せ》めの具合《ぐあい》は万全《ばんぜん》であったか、終盤《しゅうばん》の詰《つ》め方《かた》は最適《さいてき》であったかなどを振《ふ》り返《かえ》りましょう。とはいえ、最初《さいしょ》からここまで綿密《めんみつ》に盤面《ばんめん》を研究《けんきゅう》するのは難《むずか》しいと思《おも》います。

最初《さいしょ》のうちは、どこで手《て》を間違《まちが》えてしまったのか、どこを直《なお》せば勝《か》てたのかを考《かんが》えるくらいで十分《じゅうぶん》でしょう。

ゲームで遊《あそ》ぼう！

13歳《さい》〜

人狼《じんろう》ゲーム

など

人狼《じんろう》ゲームは、複数人《ふくすうにん》で行《おこな》うボードゲームの一種《いっしゅ》です。人狼《じんろう》という人《ひと》に化《ば》けるオオカミが入《はい》り込《こ》んだ村《むら》が舞台《ぶたい》で、プレイヤーはオオカミ側《がわ》と村人側《むらびとがわ》に分《わ》かれて戦《たたか》います。オオカミ側《がわ》は夜《よ》な夜《よ》な村人《むらびと》を1人《ひとり》ずつ襲撃《しゅうげき》し、村人《むらびと》の数《かず》を減《へ》らします。村人側《むらびとがわ》は昼《ひる》の時間《じかん》に誰《だれ》がオオカミであるかを予想《よそう》し、会議《かいぎ》をして、誰《だれ》を村《むら》から追放《ついほう》するかを決《き》めます。

これを繰《く》り返《かえ》して、オオカミ側《がわ》は村人《むらびと》の数《かず》をオオカミの数《かず》と同《おな》じになるまで減《へ》らせれば勝《か》ち。村人側《むらびとがわ》はオオカミを1人《ひとり》残《のこ》らず追放《ついほう》できれば勝《か》ちとなります。

このゲームの難《むずか》しいところは、人《ひと》の心理《しんり》を読《よ》み切《き》らなくてはいけないところ。もちろんオオカミも村人《むらびと》も追放《ついほう》されたくありませんから、みんながみんな無実《むじつ》を主張《しゅちょう》し合《あ》います。

そこで、誰《だれ》が嘘《うそ》をついているのか、誰《だれ》が本当《ほんとう》のことを言《い》っているのか整理《せいり》できなければ、真実《しんじつ》にたどり着《つ》くことはできません。

ここまでの話《はなし》を聞《き》いて難《むずか》しそうだと思《おも》われた方《かた》も大丈夫《だいじょうぶ》。インターネットや少《すこ》し大《おお》きい書店《しょてん》などに行《い》けば、人狼《じんろう》を遊《あそ》ぶためのカードセットが売《う》られていると思《おも》います。慣《な》れれば手元《てもと》に紙《かみ》とペンさえあればどこでも始《はじ》められますが、最初《さいしょ》はそのようなスターターセットから始《はじ》めるのがよいでしょう。数学《すうがく》で必須《ひっす》の考《かんが》え方《かた》ですので挑戦《ちょうせん》してみてください。

まずは難《むずか》しく考《かんが》えないでこれらのゲームを遊《あそ》んでみましょう。もしもおもしろいと思《おも》えるゲームがあったなら、ぜひそれにのめり込《こ》んでください！

3 の答《こた》え

❶

1	2	
3	4	← 7
↑ 4	↑ 6	

❷

2	4	1	← 7
4	1	3	← 8
↑ 6	↑ 5		

❸

3	6	← 9
2	1	← 3
↑ 5	↑ 7	

4	5	← 9
1	2	← 3
↑ 5	↑ 7	

❹

1	3	4	← 8
3	1	2	← 6
2	5	1	← 8
↑ 6	↑ 9	↑ 7	

2	5	1	← 8
3	1	2	← 6
1	3	4	← 8
↑ 6	↑ 9	↑ 7	

3	1	4	← 8
1	3	2	← 6
2	5	1	← 8
↑ 6	↑ 9	↑ 7	

1	5	2	← 8
2	3	1	← 6
3	1	4	← 8
↑ 6	↑ 9	↑ 7	

2	5	1	← 8
1	3	2	← 6
3	1	4	← 8
↑ 6	↑ 9	↑ 7	

3	1	4	← 8
2	3	1	← 6
1	5	2	← 8
↑ 6	↑ 9	↑ 7	

計算力《けいさんりょく》レッスンの答《こた》え

1 の答《こた》え

①2 × (3 + 3) - 2 = 10

②1 × (2 + 2 × 4) = 10

2 × (2 + 4 - 1) = 10

2 + (4 ÷ 1 × 2) = 10

③6 × (1 + 2) - 8 = 10

(6 + 8 ÷ 2) ÷ 1 = 10

(6 ÷ 1) + (8 ÷ 2) = 10

④7 + 9 ÷ (5 - 2) = 10

⑤(6 + 8 × 8) ÷ 7 = 10

⑥(1 ÷ 9 + 1) × 9 = 10

2 の答《こた》え

❶

	① ●	×	▲	→	② ●+▲	●−▲
40 =	例 40	×	1	→	41	39
	20	×	2	→	22	18
	10	×	4	→	14	6
	8	×	5	→	13	3

❷

	① ●	×	▲	→	② ●+▲	●−▲
30 =	30	×	1	→	31	29
	15	×	2	→	17	13
	10	×	3	→	13	7
	6	×	5	→	11	1

❸

	① ●	×	▲	→	② ●+▲	●−▲
27 =	27	×	1	→	28	26
	9	×	3	→	12	6

❹

	① ●	×	▲	→	② ●+▲	●−▲
25 =	25	×	1	→	26	24
	5	×	5	→	10	0

❺

	① ●	×	▲	→	② ●+▲	●−▲
45 =	45	×	1	→	46	44
	15	×	3	→	18	12
	9	×	5	→	14	4

❻

	① ●	×	▲	→	② ●+▲	●−▲
50 =	50	×	1	→	51	49
	25	×	2	→	27	23
	10	×	5	→	15	5

❼

	① ●	×	▲	→	② ●+▲	●−▲
60 =	60	×	1	→	61	59
	30	×	2	→	32	28
	15	×	4	→	19	11
	10	×	6	→	16	4

❽

	① ●	×	▲	→	② ●+▲	●−▲
80 =	80	×	1	→	81	79
	40	×	2	→	42	38
	20	×	4	→	24	16
	10	×	8	→	18	2

がそう簡単《かんたん》にはいかないことや、大変《たいへん》な状況《じょうきょう》に置《お》かれ、苦労《くろう》しているというイメージとよく結《むす》びついています。

物事《ものごと》がうまくいかず困《こま》ってしまうから「困難《こんなん》」、物事《ものごと》を成《な》し遂《と》げるのに苦労《くろう》を要《よう》するから「苦難《くなん》」、大変《たいへん》な局面《きょくめん》であることを指《さ》して「難局《なんきょく》」、物事《ものごと》を理解《りかい》・解決《かいけつ》することが容易《ようい》でないから「難解《なんかい》」、というふうに当《あ》てはめることができますね。

「難《なん》」にはマイナスイメージが強《つよ》いですよね。しかし「艱難汝《かんなんなんじ》を玉《たま》にす」ということわざがあるように、私《わたし》たちを成長《せいちょう》させてくれる、人生《じんせい》において時《とき》には必要《ひつよう》な刺激《しげき》なのかもしれません。

類題《るいだい》：「難」を使《つか》った熟語《じゅくご》・ことわざは他《ほか》にどのようなものがあるだろう？

答《こた》え：（熟語《じゅくご》）難破《なんぱ》・難民《なんみん》・難問《なんもん》・難題《なんだい》・無難《ぶなん》・災難《さいなん》・難癖《なんくせ》（ことわざ）言《い》うは易《やす》く行《おこな》うは難《かた》し・一難《いちなん》去《さ》ってまた一難《いちなん》・至難《しなん》の業《わざ》・人《ひと》の十難《じゅうなん》より我《わ》が一難《いちなん》　など

❼ ①想　「想」は、「心《こころ》に思《おも》い浮《う》かべていること」や「作品《さくひん》などに対《たい》するイメージ」のことを指《さ》します。頭《あたま》や心《こころ》の中《なか》に存在《そんざい》する形《かたち》のないもの、と捉《とら》えることができるでしょう。

ありえないことや現実《げんじつ》と関係《かんけい》ないことをあれこれ思《おも》い巡《めぐ》らすから「空《くう》想《そう》」、ある物事《ものごと》に対《たい》して心《こころ》に生《しょう》じた感《かん》じや考《かんが》えのことを指《さ》して「感想《かんそう》」、ある条件《じょうけん》を頭《あたま》の中《なか》で設定《せってい》してみることを指《さ》して「想定《そうてい》」、心《こころ》のなかで像《ぞう》を描《えが》いて見《み》るから「想像《そうぞう》」、というふうに当《あ》てはめることができますね。

類題《るいだい》：「想」を使《つか》った熟語《じゅくご》・ことわざは他《ほか》にどのようなものがあるだろう？

答《こた》え：（熟語《じゅくご》）愛想《あいそう》・仮想《かそう》・幻想《げんそう》・瞑想《めいそう》・妄想《もうそう》・連想《れんそう》・追想《ついそう》・想起《そうき》・奇《き》想天外《そうてんがい》・熟思黙想《じゅくしもくそう》（ことわざ）愛想《あいそう》が尽《つ》きる・想像《そうぞう》を絶《ぜっ》する　など

語彙力《ごいりょく》レッスンの答《こた》え

地《ち》」、経験《けいけん》などを通《とお》して獲得《かくとく》した大切《たいせつ》なこと、心《こころ》がけを指《さ》して「心得《こころえ》」というふうに当《あ》てはめることができますね。

類題《るいだい》：「心」を使《つか》った熟語《じゅくご》・ことわざは他《ほか》にどのようなものがあるだろう？

答《こた》え：（熟語《じゅくご》）心情《しんじょう》・核心《かくしん》・苦心《くしん》・真心《まごころ》・傷心《しょうしん》・本心《ほんしん》（ことわざ）怒《いか》り心頭《しんとう》に発《はっ》する・火事《かじ》あとの火《ひ》の用心《ようじん》・信心《しんじん》は徳《とく》の余《あま》り・心気《しんき》を燃《も》やす　など

❺ ①階　②今回《こんかい》は、「階」の偏《へん》、こざとへんに注目《ちゅうもく》してみましょう。こざとへんは「阜《ふ》」という漢字《かんじ》から派生《はせい》したという説《せつ》があります。この漢字《かんじ》は丘《おか》を表《あらわ》していて、大《おお》きい、たくさんある、などの意味《いみ》を持《も》っています。こざとへんが用《もち》いられるのは陸《りく》、院《いん》、阪《はん》など、どれも何《なに》かが集《あつ》まっていたり、規模《きぼ》が大《おお》きかったりする印象《いんしょう》がありますよね。

ここから「階《かい》」に戻《もど》ってみると、「建物《たてもの》のフロアや、それを上《のぼ》り下《お》りするための段《だん》」が「階《かい》」ということで、一定以上《いっていいじょう》の大《おお》きさを感《かん》じ取《と》れると思《おも》います。また、上《のぼ》り下《お》りということから派生《はせい》して、「優劣《ゆうれつ》の順序《じゅんじょ》」という意味《いみ》も持《も》っています。

地上《ちじょう》から数《かぞ》えて一番目《いちばんめ》だから「一階《いっかい》」、それぞれの段《だん》を数《かぞ》えるから「各《かく》階《かい》」、建物《たてもの》の段《だん》を登《のぼ》っていくから「階段《かいだん》」、身分《みぶん》や位《くらい》の順序《じゅんじょ》だから「階《かい》位《い》」ということになりますね。

類題《るいだい》：「階」を使《つか》った熟語《じゅくご》・ことわざは他《ほか》にどのようなものがあるだろう？

答《こた》え：（熟語《じゅくご》）音階《おんかい》・階級《かいきゅう》・階層《かいそう》・階調《かいちょう》・階上《かいじょう》・階乗《かいじょう》・階数《かいすう》（ことわざ）二階《にかい》から目薬《めぐすり》　など

❻ ①難　②「難」は英訳《えいやく》するとdifficulty（容易《ようい》でないこと）やhardship（苦《くる》しさ）となります。どちらも、物事《ものごと》をうまく成《な》し遂《と》げるの

ですが、「道理《どうり》」や「ことわり」という言葉《ことば》はとても重要《じゅうよう》な言葉《ことば》です。これは「物事《ものごと》の正《ただ》しいもっともな筋道《すじみち》」という意味《いみ》を持《も》っています。

正《ただ》しい筋道《すじみち》に合《あ》っているから「合理《ごうり》」、人《ひと》が心《こころ》に思《おも》い描《えが》いている正《ただ》しい筋道《すじみち》だから「理想《りそう》」、物事《ものごと》の筋道《すじみち》について考《かんが》える能力《のうりょく》や性質《せいしつ》のことを指《さ》す「理性《りせい》」、正《ただ》しい筋道《すじみち》が成《な》り立《た》つために必要《ひつよう》な根本的《こんぽんてき》・原始的法則《げんしてきほうそく》のことを指《さ》す「原理《げんり》」、というふうに当《あ》てはめることができるわけです。

ちなみに、「理」を英訳《えいやく》すると「reason＝理由《りゆう》」になります。ただし、英語文化圏《えいごぶんかけん》ではあまりなじみのない語《ご》で、ぴったりくる英語《えいご》を探《さが》すのは難《むずか》しいと言《い》われていて、これも当《あ》て字《じ》に近《ちか》いです。

❸ ①感　②「感」は「物事《ものごと》に接《せっ》したことを知覚《ちかく》し、心《こころ》が動《うご》くこと」というイメージです。○○感《かん》というふうに使《つか》うときは、心《こころ》を動《うご》かす物事《ものごと》それ自体《じたい》の様子《ようす》や雰囲気《ふんいき》を指《さ》しています。
音《おと》に対《たい》する人間《にんげん》などの知覚《ちかく》を指《さ》して「音感《おんかん》」、実際《じっさい》に物事《ものごと》に接《せっ》したときに得《え》られる心《こころ》の動《うご》きだから「実感《じっかん》」、物事《ものごと》に接《せっ》したときに生《しょう》ずる情念《じょうねん》のことを指《さ》して「感情《かんじょう》」、人《ひと》の心《こころ》を動《うご》かして考《かんが》え方《かた》や行動《こうどう》に影響《えいきょう》を与《あた》えることを指《さ》して「感化《かんか》」、というふうに当《あ》てはめることができますね。

74ページ熟語探《じゅくごさが》しの答《こた》え

❹ ①心　②「心」を英訳《えいやく》するとheartやmindとなり、精神的《せいしんてき》なイメージがあることがわかります。それに加《くわ》えて、「大切《たいせつ》なもの、物事《ものごと》の真《ま》ん中《なか》に来《く》るもの」というイメージを合《あ》わせて持《も》っておきましょう。
はじめて物事《ものごと》に取《と》りかかるときの精神状態《せいしんじょうたい》だから「初心《しょしん》」、表《おもて》に出《だ》さず、自分《じぶん》の中《なか》に密《ひそ》かに抱《いだ》いている思《おも》いだから「下心《したごころ》」、外《そと》からの刺激《しげき》に応《おう》じて、自分《じぶん》の中《なか》に下地《したじ》としてある感情《かんじょう》が揺《ゆ》れ動《うご》いている状態《じょうたい》を指《さ》して「心《ここ》

語彙力《ごいりょく》レッスンの答《こた》え

こんなふうに、皆《みな》さんも普段《ふだん》から「○○のために〜〜する」と考《かんが》えて、いろんな行動《こうどう》を起《お》こしているのではないでしょうか。その時《とき》の○○の部分《ぶぶん》がモチベーションと呼《よ》ばれるものです。「モチベーション」とは、「人《ひと》を行為《こうい》・行動《こうどう》に駆《か》り立《た》てる動機《どうき》」という意味《いみ》になります！

❸「遠《とお》く離《はな》れたところ（から、何《なに》かを動《うご》かす）」という意味《いみ》。

「動《うご》く」という意味《いみ》の mote に、「後《うし》ろへ」という意味《いみ》の re がついて、複数《ふくすう》の対象《たいしょう》が異《こと》なる方向《ほうこう》に「離《はな》れ」たり、「離《はな》れた状態《じょうたい》での関係《かんけい》」のことを指《さ》すようになりました。だからリモートワークは、「離《はな》れた状態《じょうたい》で仕事《しごと》をする」ということになります。それぞれが自宅《じたく》にいながら、オンラインで会議《かいぎ》をしたり、仕事《しごと》を進《すす》めたりするということですね！

72ページ熟語探《じゅくごさが》しの答《こた》え

❶①空　②「空」には大《おお》きく分《わ》けて2つの意味《いみ》があります。

ひとつは、私《わたし》たちの頭上《ずじょう》に広《ひろ》がっている場所《ばしょ》である青《あお》い空《そら》、英語《えいご》で言《い》うとskyという意味《いみ》です。いわゆる「そら」ですね。

もうひとつは、「内容《ないよう》がないこと、空《むな》しいこと」という意味《いみ》です。「から」「くう」などと読《よ》むとわかりやすいでしょう。天《てん》に広《ひろ》がる青《あお》い「青《あお》空《ぞら》」、夏《なつ》の日差《ひざ》しがまぶしい「夏空《なつぞら》」、ものを入《い》れ込《こ》む空間《くうかん》が白《しろ》いままで残《のこ》っていることを指《さ》して「空白《くうはく》」、本来存在《ほんらいそんざい》しないはずの音《おと》が聞《き》こえてしまうから「空耳《そらみみ》」というふうに当《あ》てはめることができますね。ちなみに、「空」には「嘘《うそ》」というニュアンスがあることもあり、「空言《くうげん》」というと、「嘘《うそ》をつくこと」を指《さ》します。

❷①理　②「どうりで、強《つよ》いわけだね」というときの「どうり」ってみなさんどういう意味《いみ》かわかりますか？「理」は「ことわり」と読《よ》むわけ

いうのは、調味料《ちょうみりょう》などによる強《つよ》い味《あじ》つけがされておらず、特徴的《とくちょうてき》な風《ふう》味《み》・香《かお》りもない、素材本来《そざいほんらい》の「素朴《そぼく》・シンプルな」味《あじ》、ということです！

❷ 飛行機《ひこうき》は空《そら》をまっすぐ＝「平《たいら》に」飛《と》ぶから、または飛行機《ひこうき》の羽《はね》が「平《たい》ら」だからです。

同《おな》じく空《そら》を飛《と》ぶものとしては鳥《とり》などが思《おも》い浮《う》かびますが、動物《どうぶつ》に比《くら》べると、飛行機《ひこうき》の羽《はね》は地面《じめん》と平行《へいこう》に、まっすぐ平《たい》らに伸《の》びていますよね。飛《ひ》行《こう》の様子《ようす》も規則正《きそくただ》しく、まっすぐに飛《と》んでいることがわかるはずです！

❸「説明《せつめい》」とは、疑問点《ぎもんてん》やわからないことを外《そと》へ追《お》いやって「平易《へいい》」でわかりやすくすることだからです。

人《ひと》から説明《せつめい》される前《まえ》はわからないこと、納得《なっとく》できないことが多《おお》くても、上手《じょうず》な説明《せつめい》を聞《き》くことで、疑問点《ぎもんてん》が整理《せいり》されてわかりやすくなる経験《けいけん》が、皆《みな》さんにもきっとあると思《おも》います。こうして頭《あたま》の中《なか》を整《ととの》え、理解《りかい》を「平《へい》易《い》」「明《あき》らか」にするというイメージから、explainに「平《たい》ら」が登場《とうじょう》するのです！

70ページ「モーター」の答《こた》え

❶ モーターとは、電力《でんりょく》エネルギーを動力《どうりょく》エネルギーに変《か》える電動機《でんどうき》のこと。ラテン語《ご》で「動《うご》きを与《あた》える」という意味《いみ》のmotoが語源《ごげん》となっています。ただの電気《でんき》エネルギーを、モーターによって変換《へんかん》することで、車《くるま》などの機械《きかい》の動《うご》きに変《か》えていくということですね！

❷「人《ひと》が何《なに》かをする際《さい》の動機《どうき》づけや目的意識《もくてきいしき》」のことを言《い》います。

「テスト勉強《べんきょう》はめんどうくさいけどテストを乗《の》り越《こ》えれば遊《あそ》びに行《い》けるからがんばる」「次《つぎ》の試合《しあい》で勝《か》ちたいから部活動《ぶかつどう》の練習《れんしゅう》をがんばる」

語彙力《ごいりょく》レッスンの答《こた》え

66ページ　カタカナ言葉《ことば》「ポーズ」の答《こた》え

❶「停止《ていし》する、休止《きゅうし》する」という意味《いみ》。日本語《にほんご》で「ポーズ」と発音《はつおん》する英単語《えいたんご》は2つありますが、どちらも同《おな》じ語源《ごげん》の言葉《ことば》。poseの場合《ばあい》、その場《ば》に身《み》を置《お》いて姿勢《しせい》を保《たも》つことから「ポーズを取《と》る」となります。pauseの場合《ばあい》、一時的《いちじてき》に身《み》を置《お》いて休《やす》むことから「停止《ていし》する」となります。

❷どちらもpos「置《お》く」という意味《いみ》がその根本《こんぽん》にあります。

役職《やくしょく》というのは、その人《ひと》の職場《しょくば》や政界《せいかい》における「居場所《いばしょ》、身《み》を置《お》く場所《ばしょ》」ということができますよね。企業《きぎょう》の中《なか》で、ある従業員《じゅうぎょういん》の職種《しょくしゅ》や勤務地《きんむち》を変更《へんこう》することを「配置転換《はいちてんかん》」ということがあります。ここからも、仕事《しごと》においてその人《ひと》が持《も》っている役職《やくしょく》は「身《み》を置《お》く場所《ばしょ》」であるということですね。

一方《いっぽう》、郵便《ゆうびん》ポストは、郵便物《ゆうびんぶつ》を配送《はいそう》する経路《けいろ》に沿《そ》って、道路《どうろ》に「設置《せっち》」されたものですよね。これも「置《お》く」というイメージと合致《がっち》していますよね！

❸自分《じぶん》の心《こころ》の中《なか》にあった想《おも》いを、相手《あいて》の前《まえ》に見《み》えるように「置《お》く」のがプロポーズ＝結婚《けっこん》の申《もう》し込《こ》みだからです！　proは「前《まえ》に」という意味《いみ》を指《さ》すため、語源《ごげん》をそのまま見《み》ると「前《まえ》に置《お》く」ということになります。

68ページ　カタカナ言葉《ことば》「プレーン」の答《こた》え

❶プレーンヨーグルトとは「甘《あま》みやフルーツなどが入《はい》っていない、生乳《せいにゅう》を発酵《はっこう》させただけのヨーグルト」のこと。ここで使《つか》われているプレーンは英語《えいご》でplainと書《か》き、「シンプルな、素朴《そぼく》な」という意味《いみ》。

plainの中心《ちゅうしん》になっているのはplaで意味《いみ》は「平《たい》らな」。味《あじ》が「平《たい》ら」と

【著者】
布施川 天馬
（ふせがわ てんま）

東京大学文学部４年生
世帯年収300万円台の家庭に育ったため、予備校に通えず自力で東大合格。「受験は出された問題に答えることができたら受かるというゲーム」と考え、「一秒でも短い勉強時間で、なるべく低い点数で東大に入ることを目標」にし、「独自の「お金も時間も節約する勉強法」を編み出す。主な著書に『東大式節約勉強法〜世帯年収300万円台で東大に合格できた理由〜』（扶桑社）、『人生を切りひらく 最高の自宅勉強法』（主婦と生活社）、『東大大全 すべての受験生が東大を目指せる勉強テクニック』（幻冬社）

【監修】
西岡 壱誠
（にしおか いっせい）

東京大学経済学部４年生 「カルペ・ディエム」代表。
偏差値35の学年ビリから東大を目指すも、現役・１浪と２年連続不合格。崖っぷちの状況で開発した「思考法」「読書術」「作文術」で偏差値70、東大模試で全国４位になり、東大合格を果たす。著書『東大読書』『東大作文』（いずれも東洋経済新報社）は、シリーズ累計40万部のベストセラー。三田紀房『ドラゴン桜２』（講談社）監修を担当。
2020年には（株）カルペ・ディエムを設立。全国６つの高校で生徒には思考法や勉強法を教え、教師へは指導法のコンサルティングなどをしている。またYouTubeチャンネル「スマホ学園」を運営し、約10,000人の登録者に勉強の楽しさを伝えるなど、教育の現場で活躍中。

装丁・デザイン／亀井英子　イラスト／玉田紀子　校正／滄流社

現役東大生が小学生のころ親と一緒にやっていたこと

発行日　2023年3月15日　第1刷発行

著　者　布施川天馬
発行者　清田名人
発行所　株式会社内外出版社
〒110-8578
東京都台東区東上野2-1-11
電話 03-5830-0368（企画販売局）
電話 03-5830-0237（編集部）
https://www.naigai-p.co.jp/
印刷・製本　中央精版印刷株式会社

ISBN978-4-86257-651-4